Kohlhammer

Störungsspezifische Psychotherapie

Herausgegeben von
Anil Batra und Alexandra Philipsen

Weitergeführt von
Anil Batra und Fritz Hohagen

Begründet von
Anil Batra und Gerhard Buchkremer

Eine Übersicht aller lieferbaren und im Buchhandel angekündigten Bände der Reihe finden Sie unter:

   https://shop.kohlhammer.de/stoerungsspezifische-psychotherapie

Die Autoren

Prof. Dr. med. Anil Batra ist Leiter der Sektion Suchtmedizin und Suchtforschung und stellv. Ärztlicher Direktor der Abteilung Allgemeine Psychiatrie und Psychotherapie mit Poliklinik am Universitätsklinikum Tübingen.

Prof. Dr. med. Gerhard Buchkremer war bis 2009 als Ärztlicher Direktor der Abteilung Allgemeine Psychiatrie und Psychotherapie mit Poliklinik am Universitätsklinikum Tübingen tätig.

Beide Autoren haben über viele Jahrzehnte Forschung zur Tabakentwöhnung betrieben.

Anil Batra
Gerhard Buchkremer

Tabakentwöhnung

Ein verhaltenstherapeutisches Manual

2., erweiterte und überarbeitete Auflage

Verlag W. Kohlhammer

Dieses Werk einschließlich aller seiner Teile ist urheberrechtlich geschützt. Jede Verwendung außerhalb der engen Grenzen des Urheberrechts ist ohne Zustimmung des Verlags unzulässig und strafbar. Das gilt insbesondere für Vervielfältigungen, Übersetzungen, Mikroverfilmungen und für die Einspeicherung und Verarbeitung in elektronischen Systemen.

Pharmakologische Daten, d. h. u. a. Angaben von Medikamenten, ihren Dosierungen und Applikationen, verändern sich fortlaufend durch klinische Erfahrung, pharmakologische Forschung und Änderung von Produktionsverfahren. Verlag und Autoren haben große Sorgfalt darauf gelegt, dass alle in diesem Buch gemachten Angaben dem derzeitigen Wissensstand entsprechen. Da jedoch die Medizin als Wissenschaft ständig im Fluss ist, da menschliche Irrtümer und Druckfehler nie völlig auszuschließen sind, können Verlag und Autoren hierfür jedoch keine Gewähr und Haftung übernehmen. Jeder Benutzer ist daher dringend angehalten, die gemachten Angaben, insbesondere in Hinsicht auf Arzneimittelnamen, enthaltene Wirkstoffe, spezifische Anwendungsbereiche und Dosierungen anhand des Medikamentenbeipackzettels und der entsprechenden Fachinformationen zu überprüfen und in eigener Verantwortung im Bereich der Patientenversorgung zu handeln. Aufgrund der Auswahl häufig angewendeter Arzneimittel besteht kein Anspruch auf Vollständigkeit.

Die Wiedergabe von Warenbezeichnungen, Handelsnamen und sonstigen Kennzeichen in diesem Buch berechtigt nicht zu der Annahme, dass diese von jedermann frei benutzt werden dürfen. Vielmehr kann es sich auch dann um eingetragene Warenzeichen oder sonstige geschützte Kennzeichen handeln, wenn sie nicht eigens als solche gekennzeichnet sind.

Es konnten nicht alle Rechtsinhaber von Abbildungen ermittelt werden. Sollte dem Verlag gegenüber der Nachweis der Rechtsinhaberschaft geführt werden, wird das branchenübliche Honorar nachträglich gezahlt.

Dieses Werk enthält Hinweise/Links zu externen Websites Dritter, auf deren Inhalt der Verlag keinen Einfluss hat und die der Haftung der jeweiligen Seitenanbieter oder -betreiber unterliegen. Zum Zeitpunkt der Verlinkung wurden die externen Websites auf mögliche Rechtsverstöße überprüft und dabei keine Rechtsverletzung festgestellt. Ohne konkrete Hinweise auf eine solche Rechtsverletzung ist eine permanente inhaltliche Kontrolle der verlinkten Seiten nicht zumutbar. Sollten jedoch Rechtsverletzungen bekannt werden, werden die betroffenen externen Links soweit möglich unverzüglich entfernt.

2., erweiterte und überarbeitete Auflage 2025

Alle Rechte vorbehalten
© W. Kohlhammer GmbH, Stuttgart
Gesamtherstellung: W. Kohlhammer GmbH, Stuttgart

Print:
ISBN 978-3-17-022268-7

E-Book-Formate:
pdf: ISBN 978-3-17-023881-7
epub: ISBN 978-3-17-043873-6

Inhalt

Hinweis und Inhaltsverzeichnis zu den Online-Materialien 13
    Material für Buchteil A: Theoretische Grundlagen des
    Therapieprogramms 13
    Material für Buchteil B: Praktische Umsetzung und
    wissenschaftliche Evidenz des Therapieprogramms 14
    Material für Buchteil C: Therapiemanual 14
        Vorbereitung 14
        1. Stunde 14
        2. Stunde 14
        3. Stunde 14
        4. Stunde 15
        5. Stunde 15
        6. Stunde 15
        Anhang 15

Einleitung 17

Empfehlungen zur Anwendung des Manuals 19

A   Theoretische Grundlagen des Therapieprogramms

Zahlen und Fakten rund um das Rauchen 23
    Konsumformen 24
    Tabakbedingte Gesundheitsschäden 24
    Definition der Tabakabhängigkeit 26
    Entzugssymptome 28
    Biologische und psychosoziale Entstehungsbedingungen des
    Rauchens 28

**Wege aus der Sucht – Entwöhnungsmethoden und
Erfolgsaussichten** 31
    Was bestimmt den Erfolg einer Tabakentwöhnung? 33

Wirkelemente der Verhaltenstherapie 34
    Psychoedukation, d. h. gezielte Informationsvermittlung zum Aufbau einer Therapierationale und Motivationsförderung 34
    Abbau des Problemverhaltens und Aufbau eines Alternativverhaltens 35
    Verhaltensbeobachtung: Selbstbeobachtung und Protokollierung 35
    Situations-/Reizkontrolle (Stimuluskontrolle) 36
    Operante Verstärkung 36
    Soziale Unterstützung/Kurshelfer und Soziale Kontrakte 36
    Aufbau von Alternativverhalten 37
    Rückfallprophylaxe 37
    Progressive Muskelentspannung 37
    »Punkt-Schluss-« versus Reduktionsmethode 38
Wirkweise der für die Tabakentwöhnung zugelassenen Medikamente 38
Relevante Empfehlungen aus der Behandlungsleitlinien 40

B   Praktische Umsetzung des Therapieprogramms

Konzeption und Strukturierung des Therapieprogramms 47
    Gliederung der therapeutischen Einheiten 47
        Therapeutische Bausteine 47
        Evaluation des vorliegenden Programms 48

C   Therapieeinheiten im Detail

Vorbereitung/Informationsveranstaltung 53
    Methoden/Vorgehen 53
      1. Erhebung und Dokumentation der Rauchanamnese . 54
      2. Diagnosestellung (z. B. nach den ICD-Kriterien für Abhängigkeit) bzw. Abschätzung der Stärke der Abhängigkeit mit Hilfe des Fagerström-Tests für Zigarettenabhängigkeit 54
      3. Vorbereitung der Behandlungs- und Verlaufskontrolle 54
      4. Messung von Kohlenmonoxid in der Ausatemluft: Abstinenzkontrolle und Motivationshilfe 55

1. Stunde 59
    Therapeutische Bausteine 60
      1. Gegenseitiges Kennenlernen der Gruppenmitglieder/Kontaktaufnahme innerhalb der Gruppe 60

	2.	Verstärkung des Abstinenzvorhabens, Motivationsförderung	60
	3.	Vermittlung von Informationen zum Rauchen und zur Tabakabhängigkeit – Psychoedukation/Vortrag ...	65
	4.	Physiologische Messung der Rauchbelastung	66
	5.	Dokumentation des Fortschritts der Gruppe	67
	6.	Klärung der Erwartungen an den Kurs und der Befürchtungen an den Prozess der Tabakentwöhnung	68
	7.	Erläuterungen der Therapierationale	68
	8.	Erläuterung der verhaltenstherapeutischen Prinzipien	69
	9.	Erläuterung der medikamentösen Unterstützung	70
	10.	Einleitung der Selbstbeobachtungsphase zur erweiterten Diagnostik	72
	11.	Einführung der Feedback-Runde nach jeder Therapiesitzung	73
	12.	Ausblick auf die Inhalte der nächsten Therapiesitzung	74

Material für die 1. Stunde 74
    Motivationskarte 74
    Strichliste 74
    Situationsfragebogen 74
    Tageskarte 75
    Rauchalternativen 75
    Motivationswaage 75
    Motivationskarte 75
    Strichlisten 76
    Situationsfragebogen 77
    Tageskarten 79
    Rauchalternativen 80
    Motivationswaage 81

2. Stunde **82**
    Therapeutische Bausteine 83

	1.	Begrüßung und positives Feedback	83
	2.	Besprechung der Selbstbeobachtung (Strichliste, Tageskarte und Situationsfragebogen)	83
	3.	Festlegen des ersten Nichtrauchertages (möglichst in schriftlicher Form, siehe Material für die 2. Stunde) .	84
	4.	Veränderung der Umgebung, Aufsuchen einer rauchfreien Umgebung, Beseitigung von Rauchutensilien, Entwicklung von Rauchalternativen	85
	5.	Soziale Kontrolle: ja oder nein?	87
	6.	Einsatz kognitiver Strategien	87
	7.	Versuchungssituationen beobachten, protokollieren und mögliche Rauchalternativen diskutieren	88

8.	Einsatz sportlichen Ausgleichs, um die körperliche Fitness zu steigern	89
9.	Weitergehende Empfehlungen und Anleitung zur Anwendung der medikamentösen Unterstützung	89
10.	Feedback-Runde	94

Material für die 2. Stunde ... 94
   Problemlösung: Ersatz der Funktion einer Zigarette ... 94
   Bekanntgabe des ersten Nichtrauchertages ... 95
   Der persönliche Motivationssatz ... 95
   Meine einfachen Rauchalternativen ... 95
   Umgang mit Entzugssymptomen ... 95
   Meine einfachen Rauchalternativen ... 96
   Umgang mit Entzugssymptomen I ... 96
   Umgang mit Entzugssymptomen II ... 97

3. Stunde ... 99

Therapeutische Bausteine ... 100

1.	Begrüßung, Abstinenzkontrolle und positive Rückmeldung	100
2.	Besprechen des Erfolges/Misserfolges	100
3.	Bei Scheitern des Abstinenzvorhabens: Festlegen eines weiteren Nichtrauchertages	101
4.	Einführung operanter Verstärker, Abschluss von Vereinbarungen, Funktion von Belohnungen als Motivationsverstärker erklären	101
5.	Abschluss von Vereinbarungen	103
6.	Einbeziehung eines Kurshelfers (Freund, Partner oder Therapeut)	103
7.	Adaptation der medikamentösen Unterstützung, Besprechen von Nebenwirkungen, unter Umständen von fehlerhaften Anwendungsstrategien	104
8.	Aufbau einer gesunden, wenig belastenden, kalorienarmen Ernährung	105
9.	Feedback-Runde	105

Material für die 3. Stunde ... 106
   Belohnungskarte ... 106
   Verstärkerliste ... 106
   Verpflichtende Vereinbarung ... 106
   Belohnungskarte ... 107
   Informationen für den Kurshelfer ... 108
   Informationen zur gesunden Ernährung ... 108
   Informationsblatt für den Kurshelfer ... 112
   Tipps zur Ernährung ... 113

4. Stunde ... 115
Therapeutische Bausteine ... 116
1. Positives Feedback – Rückmeldung über die erreichten Ziele ... 116
2. Motivationserhöhung durch Rückmeldung der positiven Veränderungen ... 116
3. Rückbesinnung auf die ursprüngliche Motivation und Überprüfung sowie Ergänzung derselben ... 117
4. Intensivierung der operanten Verstärkung und Ausbau des Alternativverhaltens ... 117
5. Rückfälle und rückfallkritische Situationen ... 117
6. Ausführliche Besprechung von rückfallkritischen Situationen, Vorbereitung durch Rollenspiele ... 119
7. Anleitung zum Entspannungstraining ... 120
8. Ermutigung zur langfristigen Anwendung medikamentöser Unterstützung ... 121
9. Feedback-Runde ... 122

Material für die 4. Stunde ... 122
»Meine Bewältigungsstrategien« ... 122
Umgang mit negativen Gedanken/kognitive Umstrukturierung ... 122
Übungsanleitung zur Muskelrelaxation nach Jacobson ... 123
Verpflichtende Vereinbarung (siehe Materialien für die 3. Stunde) ... 123
Meine Bewältigungsstrategien ... 123
Umgang mit negativen Gedanken/Anleitung zur kognitiven Umstrukturierung ... 124
Rollenspielübungen ... 125
Progressive Muskelrelaxation nach Jacobson – Übungsanleitung ... 125

5. Stunde ... 128
Therapeutische Bausteine ... 129
1. Rückmeldung über die erreichten Ziele ... 129
2. Einsatz operanter Verstärker ... 129
3. Fortführung der Vereinbarungen, des Muskelentspannungstrainings, der Alternativverhaltensweisen und der medikamentösen Unterstützung ... 130
4. Interventionen für den Fall, dass noch geraucht wird ... 131
5. Informationen über die Rückfalldynamik ... 131
6. Ausarbeitung eines Krisenplanes ... 132
7. Feedback-Runde ... 133

Material für die 5. Stunde ... 133
Persönlicher Rückfall-Krisenplan ... 133

Verpflichtende Vereinbarung (siehe Materialien für die
3. Stunde) 133

6. Stunde **135**
    Therapeutische Bausteine 136
        1.   Stärkung der Motivation und Rückmeldung über die
            erreichten Ziele 136
        2.   Einsatz operanter Verstärker 136
        3.   Fortführung der Vereinbarungen, des
            Muskelentspannungstrainings, der
            Alternativverhaltensweisen und der medikamentösen
            Unterstützung 136
        4.   Interventionen für den Fall, dass noch geraucht wird   137
        5.   Hilfestellung zum Therapiebaustein
            »Rückfallprophylaxe« 138
        6.   Abschluss-Feedback 141
    Material für die 6. Stunde 141
        Einführung in das Stressmanagement 141

D   Probleme in der Rauchentwöhnung

Umgang mit Rückfälligkeit **145**

Ablehnung der medikamentösen Unterstützung **147**
    Warum ist es sinnvoll, Nikotinersatzmittel anzuwenden? 147

Die Angst vor der Gewichtszunahme **149**

Mangelnder Einsatz von Belohnungen **150**

Ablehnung von sozialen Kontrakten **151**

Scheitern der Selbstbeobachtung **152**

Anhang

Informationen zur Verwendung von Nikotinpflaster **155**

Informationen zur Verwendung von Nikotinkaugummi **158**

Informationen zur Verwendung von Nikotinlutschtabletten **161**

Informationen zur Verwendung von Nikotinnasalspray **164**

Informationen zur Verwendung von Nikotinmundspray	**167**
Informationen zur Verwendung von Bupropion (**Zyban**®)	**170**
Informationen zur Verwendung von Cytisin (**Asmoken**®)	**176**
Informationen zur Verwendung von Vareniclin (**Champix**®)	**178**
Erläuterungen zur online verfügbaren Powerpoint-Präsentation (Teil A »Theoretische Grundlagen des Therapieprogramms«)	**180**
Links und weiterführende Literatur	**192**
Daten und Fakten zum Rauchen	192
Aktuelle Informationen zu Studien und Veranstaltungen	192
Anerkennung von Kursen zur Tabakentwöhnung	193
Online-Hilfen für Rauchende (kostenfrei)	193
Leitlinien	193
Weiterführende Literatur	193
Publikationen mit Bezug zum Programm und zitierte Literatur	194
Stichwortverzeichnis	**197**

Hinweis und Inhaltsverzeichnis zu den Online-Materialien

> Wichtige Informationen sowie den Link, unter dem die Zusatzmaterialien verfügbar sind, finden Sie in am Ende von ▶ Teil C »Therapieeinheiten im Detail«.

Das Online-Material enthält

1. sämtliche im Buch (Haupttext sowie Anhang) abgedruckten Materialien sowie
2. weitere Materialien, die die Textinhalte der theoretischen Grundlagen und der Therapieeinheiten grafisch veranschaulichen.

Die online verfügbaren Materialien lassen sich gemäß der jeweiligen eigenen Praxiserfahrungen und -bedürfnisse individuell anpassen.

Material für Buchteil A: Theoretische Grundlagen des Therapieprogramms

Psychoedukationsfolien-/Vortragsfolien (mit Kommentaren) zu

- Epidemiologie,
- Folgeerkrankungen,
- Diagnostik und
- Therapie (Kommentare siehe Anhang)

Fagerströmtest für Zigarettenabhängigkeit
Aufklärungsbögen zu medikamentösen Unterstützungen (siehe Anhang)

- Nikotinersatzprodukten
- Bupropion
- Cytisin
- Vareniclin

Linkliste, Verzeichnis weiterführender Literatur

Material für Buchteil B: Praktische Umsetzung und wissenschaftliche Evidenz des Therapieprogramms

Publikationen mit Bezug zum Programm und zitierte Literatur

Material für Buchteil C: Therapiemanual

Vorbereitung

- Dokumentationsbogen Rauchanamnese
- Therapieprotokoll

1. Stunde

- Motivationskarte
- Strichlisten
- Situationsfragebogen
- Tageskarten
- Rauchalternativen (Vorlage zum Ausfüllen)
- Motivationswaage (Vorlage zum Ausfüllen)

2. Stunde

- Problemlösung: Ersatz der Funktion einer Zigarette
- Mein erster Nichtrauchertag
- Mein persönlicher Motivationssatz (Vorlage zum Ausfüllen)
- Meine einfachen Rauchalternativen
- Umgang mit Entzugssymptome I
- Umgang mit Entzugssymptome II

3. Stunde

- Belohnungskarte
- Verstärkerliste
- Verpflichtende Vereinbarung, das Rauchen aufzugeben
- Informationsblatt für den Kurshelfer
- Tipps zur Ernährung

4. Stunde

- Meine Bewältigungsstrategien
- Umgang mit negativen Gedanken / Anleitung zur kognitiven Umstrukturierung
- Rollenspielübungen
- Muskelrelaxation nach Jacobson – Übungsanleitung
- Verpflichtende Vereinbarung, das Rauchen aufzugeben

5. Stunde

- Persönlicher Rückfall-Krisenplan
- Verpflichtende Vereinbarung, das Rauchen aufzugeben

6. Stunde

- Einführung in das Stressmanagement
- Persönlicher Rückfall-Krisenplan
- Verpflichtende Vereinbarung, das Rauchen aufzugeben

Anhang

- Informationen zur Verwendung von Nikotinpflaster
- Informationen zur Verwendung von Nikotinkaugummi
- Informationen zur Verwendung von Nikotinlutschtabletten
- Informationen zur Verwendung von Nikotinmundspray
- Informationen zur Verwendung von Nikotinnasalspray
- Informationen zur Verwendung von Bupropion (Zyban®)
- Informationen zur Verwendung von Cytisin (Asmoken®)
- Informationen zur Verwendung von Vareniclin (Champix®)

Einleitung

Wenigen Rauchern gelingt es schon bei ihrem ersten Versuch, einen regelmäßigen Tabakkonsum erfolgreich und anhaltend zu beenden. Meist sind mehrere Abstinenzversuche erforderlich, ehe der Raucher bzw. die Raucherin zum/zur Ex-Raucher(in)[1] wird.

In vielen Fällen entsteht die Abstinenzmotivation als Folge erster gesundheitlicher Einschränkungen, eventuell auch bei Gewahr werden der eigenen Abhängigkeit oder bei einem aufkeimenden Wunsch, der Verantwortung eines Erziehungsberechtigten nachzukommen und den eigenen Kindern ein gutes Vorbild zu sein. Manchmal ist aber auch eine ärztliche Empfehlung, den Tabakkonsum aufzugeben, gepaart mit regelmäßigen Konsultationen, bei denen nach den Fortschritten des Abstinenzvorhabens gefragt wird, bei der Motivationsbildung und Umsetzung des Wunsches, zum Ex-Raucher zu werden, hilfreich.

Andererseits sind viele entwöhnungswillige Raucher trotz einer hohen Abstinenzmotivation und trotz zahlreicher gesundheitlicher Beeinträchtigungen nicht in der Lage, den Zigarettenkonsum aus eigener Kraft anhaltend aufzugeben.

Nach vergeblichen Abstinenzversuchen sollte entwöhnungswilligen Rauchern daher die Teilnahme an einer professionell unterstützten Tabakentwöhnungsbehandlung empfohlen werden.

Mit verhaltenstherapeutischen Techniken kann das Rauchverhalten langfristig überwunden werden. Mit einer zusätzlichen medikamentösen Unterstützung stehen wirkungsvolle, wissenschaftlich fundierte und praktikable Therapiemöglichkeiten zum Umgang mit einer Entzugssymptomatik zur Verfügung. Die Kombination der psychotherapeutisch orientierten Behandlung mit einer medikamentösen Unterstützung ist wünschenswert – nur sie zielt auf die Behandlung der psychischen und zugleich der physischen Bedingungen des Rauchens. Die Kombination hilft dem Raucher, die körperlichen Entzugssymptome zu überwinden und zugleich eine Verhaltensänderung im Umgang mit Versuchungssituationen zu erzielen.

Das vorliegende, auf sechs Einheiten ausgelegte Gruppentherapieprogramm des Arbeitskreises Rauchentwöhnung am Universitätsklinikum Tübingen richtet sich nicht nur an ausgewiesene Suchtexperten, sondern an alle Mediziner, Psychologen

---

1 Der besseren Lesbarkeit dieses Buches wegen haben wir darauf verzichtet, stets die männliche und die weibliche Form von Rauchern und Raucherinnen, Nichtrauchern und Nichtraucherinnen etc. nebeneinander zu verwenden. Im Folgenden schließt der Gebrauch der männlichen Form sowohl in der Einzahl als auch in der Mehrzahl alle Geschlechtsformen (m/w/d) mit ein.

und Pädagogen, die sich in der Vermittlung und Durchführung der Behandlung von aufhörwilligen Rauchern engagieren wollen.

Dieses Therapieprogramm entstand im Rahmen von Forschungsprojekten (mit Unterstützung der Deutschen Forschungsgemeinschaft (DFG)) zur Effektivität und Praktikabilität der Tabakentwöhnung in der Praxis des niedergelassenen Arztes und zu den Behandlungsaussichten bei schwangeren Raucherinnen oder stark abhängigen Rauchern. Seither wurde es immer wieder auf der Basis von Studienergebnissen weiterentwickelt. Der Arbeitskreis Rauchentwöhnung beforscht seit 1991 in Studien zur Psychotherapie und Pharmakotherapie Möglichkeiten zur Optimierung der Vorgehensweise. Fragestellungen der Forschung konzentrierten sich u. a. auf die individualisierte Auswahl von Techniken (Torchalla et al. 2013), die Integration von rückfallpräventiven Strategien (Schröter et al. 2006), die Tabakentwöhnung bei Patienten mit psychischen Störungen (Batra 2000, 2008, 2010), die Reduktion des Rauchens zur Stärkung der Abstinenzmotivation (Batra et al. 2005), die Wirksamkeit im Vergleich zur Hypnotherapie (Batra et al. 2023) bzw. in Ergänzung zu Cue exposure in der virtuellen Realität (Kroczek et al. 2023).

Die Inhalte des vorliegenden Therapieprogramms wie auch die Empfehlungen zur medikamentösen Unterstützung stehen im Einklang mit den Empfehlungen der aktuellen 2. Auflage der S3-Leitlinie zur Behandlung des Rauchens und der Tabakabhängigkeit der Arbeitsgemeinschaft wissenschaftlicher medizinischer Fachgesellschaften (AWMF) e.V. (AWMF 2021, Batra et al. 2022).

Grundlage dieses Therapeutenmanuals ist das 1997 erstmals publizierte Selbsthilfeprogramm für entwöhnungswillige Raucher (Arbeitskreis Rauchentwöhnung), das mittlerweile in seiner 6. Auflage im Kohlhammer-Verlag erschienen ist (Batra & Buchkremer 2017)[2].

Die Vorteile dieses Programms liegen in der strukturierten, manualisierten Vorgehensweise, die sich streng an verhaltenstherapeutischen Grundsätzen orientiert.

Dieses Manual erläutert das therapeutische Vorgehen des sechswöchigen Behandlungsverlaufs, nennt mögliche Fallen auf dem Weg des Rauchers zum Nichtraucher, liefert Materialien, die im Rahmen des Therapieprozesses verwendet werden können, und illustriert zudem die biologischen und psychischen Grundlagen der Tabakabhängigkeit.

Tübingen, im Mai 2024   Anil Batra

---

[2] Wir danken den Mitarbeiterinnen und Mitarbeitern im Arbeitskreis Rauchentwöhnung (AKR), die zur Weiterentwicklung des Manuals beigetragen haben, insbesondere Klara Sattler, Martina Schröter und Axel Mühleck.

Empfehlungen zur Anwendung des Manuals

Dieses Manual beinhaltet eine Einführung in die wichtigsten theoretischen Grundlagen des Rauchens. Epidemiologische Daten, Folgeschäden und insbesondere wissenschaftliche Modelle der psychischen und biologischen Abhängigkeit des Rauchers von Tabak bzw. Nikotin helfen, das Verständnis für die Therapierationale des verhaltenstherapeutischen Tabakentwöhnungsprogramms zu schaffen. Die psychotherapeutischen Handlungsempfehlungen werden durch Empfehlungen zur medikamentösen Behandlung des Rauchers ergänzt. Beide Komponenten – Psychotherapie und medikamentöse Behandlung – erfüllen die Empfehlungen deutscher und internationaler Leitlinien zur Behandlung der Tabakabhängigkeit.

Die Aufteilung dieses medikamentös gestützten, abstinenzorientierten Programms für die Raucherbehandlung in sechs Abschnitte hat sich in zahlreichen Behandlungen als zweckmäßig erwiesen. Die einzelnen Abschnitte sollten am besten im Abstand von einer Woche durchgeführt werden. Variationen sind aber durchaus möglich: Einerseits kann gegen Ende der Behandlung der Abstand zwischen den letzten drei Therapiesitzungen verlängert werden, andererseits können die Abstände zwischen den Therapiesitzungen aus organisatorischen Gründen – z. B. im Rahmen stationärer Angebote für Patienten in einer psychosomatischen oder Rehabilitationseinrichtung – verkürzt werden.

Die Durchführung erfolgt zweckmäßigerweise in Gruppenbehandlungen mit sechs bis zehn Teilnehmern. Die einzelnen Abschnitte nehmen zwischen maximal 120 Minuten (Sitzungen 1 bis 3) und 90 Minuten (Sitzungen 4 bis 6) in Anspruch. Alternativ ist die Durchführung im Rahmen einer Einzelbehandlung möglich.

Parallel kann die als Selbsthilfemanual konzipierte Version dieses Manuals ausgegeben werden (Batra A, Buchkremer G (2017) Nichtrauchen! Erfolgreich aussteigen in sechs Schritten. 6. Auflage, Kohlhammer, Stuttgart). Das vorliegende Therapeutenmanual stellt die Vorgehensweise für die Einzel- oder Gruppenbehandlung in Anlehnung an die Inhalte dieses Selbsthilfemanuals vor. Online verfügbar sind sämtliche Materialien als veränderbare Dateien, so dass jeder Therapeut jederzeit eine Aktualisierung und Anpassung an den eigenen Stil bzw. die eigenen Erfahrungen vornehmen kann.

Die Behandlung des abhängigen Rauchers kann noch nicht mit den Leistungsträgern abgerechnet werden – entsprechend hat der Raucher noch selbst für die Behandlungskosten aufzukommen. Diese beinhalten neben den Aufwendungen für die medikamentöse Begleitbehandlung in Höhe von 150–400 Euro im Verlauf von zwei bis drei Monaten auch die Kosten für die sechs Termine psychotherapeutischer Sitzungen (insgesamt zwölf Psychotherapiestunden in der Gruppe).

Eine Gebühr von z. B. 160–250 Euro (in Abhängigkeit von Gruppengröße, Aufwand) erscheint hier angemessen.

Das vorliegende Programm ist von der Zentralen Prüfstelle Prävention im Auftrag der Kranken- und Gesundheitskassen geprüft und als Konzept (»Nichtraucher in 6 Wochen« Konzept-ID: KO-SU-MX18HT) anerkannt worden. Damit ist die anteilige Erstattung der Kursgebühren nach dem Leitfaden Prävention zur Umsetzung des § 20 SGB V durch die Krankenkassen möglich, wenn eine qualifizierte Kursleiterschulung durchlaufen wurde.

A Theoretische Grundlagen des Therapieprogramms

Zahlen und Fakten rund um das Rauchen

In der Bundesrepublik Deutschland stieg zwischen 1950 und 1975 die Zahl der jährlich konsumierten Zigaretten von durchschnittlich ca. 500 pro Person auf etwa 2.000 an. Nach einem Rückgang der Konsumzahlen in den 1970er Jahren wurde lange Zeit keine wesentliche Veränderung mehr registriert.

Erst in den letzten Jahren, die durch pandemiebedingte Einschränkungen gekennzeichnet waren, ist es wieder zu einem Anstieg der Rauchprävalenzen gekommen. Die DEBRA-Studie (www.debra-study.info) untersucht regelmäßig im Auftrag des Bundesministeriums für Gesundheit (BMG) die Entwicklung der Rauchprävalenzen. Ende 2022 wurde der Anteil der Rauchenden mit 35,5 % angegeben, im Jahr 2018 waren es noch 28,8 %. In allen Altersgruppen waren Anstiege zu verzeichnen: so stieg die Prävalenz jugendlicher (14- bis 17-jähriger) Rauchender zwischen 2018 und Ende 2022 von 8 % auf 15,9 %, die 18- bis 24-Jährigen rauchen mit einer Wahrscheinlichkeit von 40,8 % und die über 25-Jährigen weisen eine Raucherquote von 35,6 % auf. Der Anteil der Entwöhnungswilligen sank auf nur noch 8 % (2018: 21 %). Unbeantwortet ist die Frage, ob veränderte soziale Lebensbedingungen, die vorübergehend eingeschränkte Zugänglichkeit von Behandlungsmaßnahmen oder eine Steigerung der Attraktivität des Rauchens durch neue Konsumrituale (Shisha-Rauchen in Clubs), neue Produkte (E-Zigaretten, Tabakerhitzer, rauchfreie Vorrichtungen) zu erklären ist. Die Entwicklung steht im Kontrast zu den zahlreichen gesetzlich verankerten verhältnispräventiven Maßnahmen wie Steuererhöhungen, Werbeverboten, Jugendschutz- oder Nichtraucherschutzgesetzen.

Der Anteil der abhängigen Raucher unter allen Rauchenden wird auf Basis international vergleichbarer Ergebnisse mit 50–60 % angegeben. Damit ist der Anteil abhängiger Raucher bedeutend höher als die Prävalenz des schädlichen oder abhängigen Alkoholkonsums – dies kann als Hinweis auf die hohe Suchtgefahr des Rauchens interpretiert werden.

Tabakkonsum ist weiterhin ein bedeutsamer Wirtschaftsfaktor: Neben den hohen Einnahmen der Tabakindustrie und assoziierter Industriezweige sind auch tabakbezogene Steuereinnahmen ein relevanter Faktor: diese lagen zuletzt bei 14,7 Mrd. Euro. Die direkten Kosten durch Krankheit, Pflege und Rehabilitation wurden für das Jahr 2019 mit ca. 30,32 Mrd. Euro beziffert (Tabakatlas 2020) – unter wirtschaftlichen Gesichtspunkten scheint dies ein eindeutiges Verlustgeschäft zu sein.

Konsumformen

Nach wie vor wird Tabak überwiegend in Form von Zigaretten konsumiert. Zigarillos, Zigarren oder Pfeifentabak machen einen verhältnismäßig geringen Anteil des Konsums aus. Die Shisha (Wasserpfeife) gewinnt insbesondere unter Jugendlichen an Popularität. Nutzer von Schnupftabak oder Kautabak sind dagegen selten.

Neu und etwa seit 2008 verfügbar sind E-Zigaretten – diese Vorrichtungen erhitzen »Liquids« (Lösungen mit Propylenglykol und Glyzerin, ergänzt durch Geschmacksstoffe, überwiegend in Verbindung mit Nikotin). Der Konsument steuert die Erhitzung und erzeugt damit einen inhalierbaren Dampf. Der Dampf enthält weniger Schadstoffe als die Zigarette, aber auch zusätzlich andere, in ihrer langfristigen Wirkung noch kaum erforschte Inhaltsstoffe. Der Einsatz zur Tabakentwöhnung als Alternative zu Zigaretten (gewissermaßen in einer Form der Substitution) wird in den letzten Jahren diskutiert, aber von vielen auch sehr kritisch gesehen. Die E-Zigarette ist weiterhin ein Produkt, das von den Herstellern nicht mit dem Ziel entwickelt worden ist, ein Entwöhnungsmittel zur Verfügung zu stellen, und das über Werbung insbesondere junge Zielgruppen ansprechen und für sich gewinnen könnte (und vermutlich schon einen Einfluss auf das Konsumverhalten der Jugendlichen hat). Daraus könnten spätere Tabakkonsumenten entstehen. Es ist zudem in arzneimittelrechtlichem Sinne kein vom Bundesinstitut für die Zulassung von Arzneimitteln und Medizinprodukten geprüftes Produkt. Damit ist der therapeutische Einsatz aufgrund der unbekannten Risiken und Nebenwirkungen für einen therapeutischen Einsatz schwer zu verantworten.

»Tabakerhitzer« (auch: Heat-not-Burn-Produkte) sind erst in den letzten Jahren auf den Markt gekommen. Die Tabakindustrie bietet damit eine »nicht-brennende Zigarette« an: »Tabakstifte«, werden in einer Vorrichtung, die äußerlich einer Zigarette ähnelt, auf ca. 250–300° C erhitzt, dabei werden Geschmacksstoffe und Nikotin abgegeben. Der durch Verschwelung entstandene Dampf wird wie Zigarettenrauch inhaliert. Die Schadstoffbelastung soll dadurch um bis zu 80 % gemindert werden.

Noch nicht im Handel sind »Nikotinpouches«, nikotingetränkte Zellulosebeutel, die an das skandinavische Produkt »Snus« erinnern. Snus, ein mit Tabak gefüllter Beutel, wird unter die Lippe geschoben und gibt Nikotin und Geschmacksstoffe (und Schadstoffe) direkt an die Mundschleimhaut ab. Bei den Pouches wird auf Tabak verzichtet.

Tabakbedingte Gesundheitsschäden

Die gesundheitsschädlichen Wirkungen des Rauchens sind vieltausendfach nachgewiesen worden. Jährlich sterben allein in Deutschland etwa 120.000 Menschen an den Folgen des Rauchens.

Im Tabakrauch sind neben dem Nikotin über 5.300 weitere Inhaltsstoffe registriert worden, darunter über 250 giftige Substanzen, potenziell 90 krebserregende und zahlreiche gefäßschädigende Substanzen. Benzol, Blausäure, Acetaldehyd, Formaldehyd, polyzyklische aromatische Kohlenwasserstoffe, Kohlenmonoxid, Cadmium und die Schwermetalle Nickel, Chrom und Blei seien hier nur stellvertretend genannt. Der online verfügbare »Tabakatlas 2020« des Deutschen Krebsforschungszentrums gibt dazu eine gute Übersicht.

Viele Krankheiten und Todesursachen sind auf die Wirkung dieser Substanzen zurückzuführen. Stellvertretend seien die wichtigsten lebensbedrohlichen Folgeerkrankungen genannt:

- Herz-Kreislauf- und Gefäßerkrankungen: Herzinfarkt und Schlaganfall
- Krebserkrankungen (insbesondere in der Lunge, Kehlkopf, Mundhöhle, Rachen, aber auch Speiseröhre, Bauchspeicheldrüse, Harnblase, Gebärmutter, Leukämie)
- Atemwegserkrankungen (chronische Bronchitis, Emphysem, chronisch obstruktive Lungenerkrankung (COPD))

Für den (jugendlichen) Raucher sind diese Spätfolgen des Rauchens wenig abschreckend. Die langfristigen Konsequenzen sind zu weit von der eigenen Lebensführung entfernt, als dass sie verhaltenssteuernd wirksam werden könnten. Hier sind – wenn gesundheitliche Gründe überhaupt eine Rolle spielen – vor allem Beeinträchtigungen der körperlichen Leistungsfähigkeit von größerer Bedeutung. Als Argumente für eine Tabakabstinenz könnten bei Jugendlichen zählen:

- Kurzatmigkeit und Verstärkung von Asthma
- Erhöhte Infektanfälligkeit
- Erhöhte Blutdruckwerte
- Beschleunigte Hautalterung
- Impotenz und Unfruchtbarkeit
- Reduzierte sportliche Fitness

Im statistischen Mittel verlieren Raucher im Schnitt acht bis zehn Jahre ihres Lebens. Mehr als die Hälfte aller Todesfälle im Alter zwischen 35 und 69 Jahren sind durch das Rauchen bedingt. Vor allem die starken Raucher tragen ein hohes Risiko, an den Folgen des Tabakkonsums zu sterben.

Studien bestätigen, dass auch Passivraucher (Nichtraucher, die den schadstoffreicheren »Nebenstromrauch« einatmen, der beim Verglimmen der Zigarette im Aschenbecher oder in der Hand der rauchenden Person bei niedrigeren Verbrennungstemperaturen entsteht) einem erhöhten Gesundheitsrisiko ausgesetzt sind. Das Lungenkrebsrisiko ist für Passivraucher eindeutig erhöht. Kinder aus Haushalten, in denen regelmäßig geraucht wird, leiden häufiger unter Atemwegserkrankungen. Neugeborene rauchender Mütter zeigen ein geringeres Geburtsgewicht und eine reduzierte Körpergröße. Außerdem tragen sie ein erhöhtes Risiko für Atemwegserkrankungen oder den plötzlichen Kindstod.

Definition der Tabakabhängigkeit

Die Tabakabhängigkeit umfasst sowohl psychische als auch körperliche Anteile – die »Macht der Gewohnheit« und der »Nikotinschmacht«, wie viele Raucher sagen. Im medizinischen Sinne gilt als tabakabhängig, wer (1) einen starken Wunsch oder eine Art Zwang zu rauchen verspürt und nicht abstinent leben kann, wer (2) Entzugserscheinungen entwickelt, wenn das Rauchen eingeschränkt oder aufgegeben wird, (3) die Menge des Zigarettenkonsums steigern musste, um die ursprüngliche Wirkung aufrechtzuerhalten (Toleranzentwicklung), wer (4) schon erfolglos versucht hat, das Rauchen einzuschränken oder aufzugeben (Merkmal des Kontrollverlusts) oder (5) weiterraucht, obwohl bereits schädliche Folgen aufgetreten sind und (6) seinen Alltag mit Blick auf die Beschaffung oder den Konsum umorganisiert. Von diesen genannten sechs Kriterien müssen drei im Verlauf der letzten zwölf Monate erfüllt sein, um die Diagnose eine Tabakabhängigkeit nach ICD-10 (International Classification of Diseases der WHO) zu stellen.

Unter all den Stoffen im Tabakrauch ist Nikotin verantwortlich für die körperliche Abhängigkeitsentwicklung. Menschen, die früh anfangen zu rauchen, tragen ein hohes Risiko, ihr Leben lang Tabak zu konsumieren.

Die Trennung zwischen abhängigen und nichtabhängigen Rauchern ist in gewisser Hinsicht hilfreich für die Auswahl der Intensität einer notwendigen Unterstützung. Für die Empfehlung, den Konsum zu beenden, ist es belanglos: jeder Tabakkonsum ist schädlich und daher sollte jeder Rauchende den Tabakkonsum aufgeben. Nicht die Abhängigkeitsdiagnose, sondern der individuelle Bedarf an Unterstützung entscheidet über das Angebot einer therapeutischen Unterstützung.

In der Praxis hat es sich dennoch bewährt, den »Grad der Abhängigkeit« zu bestimmen, um daraus gezielte Strategien für eine Tabakentwöhnungsbehandlung abzuleiten. Der Fagerström-Test for Nicotine Dependence (FTND, Heatherton et al. 1991) erfasst neben dem Umfang des Zigarettenkonsums auch andere Variablen des Rauchverhaltens, die mit der körperlichen (z. B. morgendliches Rauchen wegen der Entzugserscheinungen) und psychischen Abhängigkeit (z. B. Rauchverzicht in bestimmten Situationen) verbunden sind. Fagerström selbst hat 2012 vorgeschlagen, den Test umzubenennen: auch wenn die Nikotinabhängigkeit hinter den erfragten Merkmalen des Rauchens steht, so fragt der Test streng genommen nach dem Zigarettenkonsum. In der neuesten, deutschsprachigen Version lautet der Name des Instrumentes daher bei gleichbleibendem Inhalt »Fagerström-Test für Zigarettenabhängigkeit« (FTZA).

Der *Fagerström-Test für Zigarettenabhängigkeit* ist das international anerkannteste und geläufigste Instrument zur Erfassung der Abhängigkeit des Rauchenden. Er wird auch in der aktuellen Auflage der S3-Behandlungsleitlinie zur Anwendung empfohlen. Insgesamt können zwischen 0 und 10 Punkte erreicht werden. Raucher, die innerhalb von fünf Minuten nach dem Aufstehen die erste Zigarette rauchen und insgesamt mehr als 30 Zigaretten pro Tag konsumieren, erhalten bereits 6 Punkte. Die Stärke der Abhängigkeit wird als sehr niedrig (0–2 Punkte), niedrig (3–4), mittel (5), hoch (6–8) und sehr hoch (9–10 Punkte) eingestuft.

Fagerström-Test für Zigarettenabhängigkeit (FTND / FTZA)

Nachfolgend finden Sie eine Reihe von Aussagen, die im Zusammenhang mit dem Rauchen zutreffen können.

1. Wann rauchen Sie Ihre erste Zigarette nach dem Erwachen?

- ☐ Innerhalb von 5 Minuten — 3 Punkte
- ☐ Innerhalb von 6 bis 30 Minuten — 2 Punkte
- ☐ Innerhalb von 31 bis 60 Minuten — 1 Punkt
- ☐ Es dauert länger als 60 Minuten — 0 Punkte

2. Finden Sie es schwierig, an Orten, wo das Rauchen verboten ist (z. B. in der Kirche, in der Bibliothek, im Kino usw.) darauf zu verzichten?

- ☐ ja — 1 Punkt
- ☐ nein — 0 Punkte

3. Auf welche Zigarette würden Sie nicht verzichten wollen?

- ☐ Die erste nach dem Erwachen — 1 Punkt
- ☐ Eine andere — 0 Punkte

4. Wie viele Zigaretten rauchen Sie pro Tag?

- ☐ Mehr als 30 — 3 Punkte
- ☐ 21–30 — 2 Punkte
- ☐ 11–20 — 1 Punkt
- ☐ 10 oder weniger — 0 Punkte

5. Rauchen Sie in den ersten Stunden nach dem Erwachen im Allgemeinen mehr als am Rest des Tages?

- ☐ ja — 1 Punkt
- ☐ nein — 0 Punkte

6. Kommt es vor, dass Sie rauchen, wenn Sie krank sind und tagsüber im Bett bleiben müssen?

- ☐ ja — 1 Punkt
- ☐ nein — 0 Punkte

Auswertung: 0–2: sehr niedrig; 3–4: niedrig; 5: mittel; 6–7: hoch; 8–10: sehr hoch
Deutsche Übersetzung des Fagerström-Test for Nicotine Dependence[3]

---

3 Eigene Übersetzung nach Heatherton TF, Kozlowski LT, Frecker RC & Fagerström KO

Das Ergebnis des Fagerström-Tests korreliert mit den zu erwartenden Entzugssymptomen und mit der Abstinenzaussicht (Batra 2000)!

Dieser einfache Fragebogen eignet sich damit nicht nur zur Abschätzung der Therapieaussichten, sondern auch zur differenziellen Therapieplanung.

Entzugssymptome

Bei einer Tabakabhängigkeit können bereits nach einer Abstinenzphase von wenigen Stunden körperliche und psychische Entzugserscheinungen auftreten. Die Symptome halten zumeist maximal ein bis sechs Wochen, nur in Ausnahmefällen über Monate an. Entzugssymptome aufgrund eines Nikotinverzichts sind nicht bedrohlich oder lebensgefährlich. Dennoch stellen sie in vielen Fällen einen Rückfallgrund dar: sie sind unangenehm und durch die allgegenwärtige Verfügbarkeit von Zigaretten »einfach zu bekämpfen«. Das Ausmaß der zu erwartenden Entzugssymptome steht in engem Zusammenhang mit der Stärke der Abhängigkeit. Im Einzelnen können nachfolgende Entzugssymptome auftreten:

- Starkes Rauchverlangen (Nikotin-Craving)
- Unruhe und Schlafstörungen
- Vermehrte Irritierbarkeit, Konzentrationsstörungen
- Verminderte Frustrationstoleranz
- Depressive Verstimmung
- Ärger, Aggressivität, Angst
- Verminderte Herzfrequenz
- Gesteigerter Appetit und heftiges Verlangen nach Kohlenhydraten

Biologische und psychosoziale Entstehungsbedingungen des Rauchens

Die Tabakabhängigkeit umfasst *physische* und *psychische* Komponenten. Entscheidend für die Entstehung der *körperlichen* Abhängigkeit sind die psychotropen Wirkungen des Nikotins. Nikotin wird über die Atemluft arteriell aufgenommen und

---

(1991) The Fagerström Test for Nicotine Dependence: a revision of the Fagerström Tolerance Questionnaire. Br J Addiction 86: 1119–1127. Auswertung nach Fagerström KO, Heatherton TF, Kozlowski LT (1991) Nicotine Addiction and Its Assessment. Ear, Nose and Throat Journal, 69 (11) 763–768.

erreicht innerhalb weniger Sekunden das Gehirn – Nikotin wirkt also schneller als Alkohol, der getrunken wird oder sogar Heroin, das in eine Vene injiziert wird. Nikotin imitiert gewissermaßen einen körpereigenen Botenstoff, das Acetylcholin, an den nikotinergen Acetylcholinrezeptoren vom Subtyp alpha4beta2.

Es bewirkt hierdurch mittelbar im Gehirn die Aktivierung des dopaminergen Systems im Nucleus accumbens und die Freisetzung einer Reihe von weiteren Neurotransmittern (Noradrenalin, Serotonin und Endorphine). Die vermehrte Dopaminausschüttung im Nucleus accumbens stimuliert das körpereigene Belohnungssystem und beeinflusst damit das psychische Befinden. Die Auswirkungen der Nikotinaufnahme werden vom Raucher zumeist als positiv erlebt. Nikotin zeigt eine mit anderen Rauschmitteln wie z. B. Amphetaminen, Kokain oder Morphin vergleichbare belohnende Wirkung im Gehirn.

Bei der Entwicklung der *psychischen* Abhängigkeit spielen verschiedene Lernprozesse eine Rolle. Erwachsene, Idole und Freunde stehen als reale oder imaginäre Vorbilder zur Verfügung. Diese Modelle (soziales Lernen) sowie kognitive Prozesse (intrinsische Attributionen und Effekterwartungen) bestimmen den Beginn, die Entwicklung und Aufrechterhaltung des Rauchverhaltens.

Erwartungen an die Wirkung des Rauchens erhöhen das Rauchverlangen und führen zur Beschaffung und zum Konsum von Zigaretten.

Die lerntheoretische Sichtweise geht zudem davon aus, dass die Auftretenswahrscheinlichkeit eines Verhaltens primär von seinen kurzfristigen angenehmen Konsequenzen bestimmt und zum anderen durch klassische Konditionierungsprozesse an bestimmte Auslöser gekoppelt wird. Positive und negative Verstärkermechanismen (die unmittelbare Belohnung durch die Wirkung des Nikotins oder soziale Verstärker im Sinne von Gemeinschaft oder Anerkennung und Ansehen, oder der Wegfall aversiver Stimuli im Sinne des Nachlassens von Stressempfinden, Müdigkeit, Langeweile oder aversiven emotionalen Zuständen) spielen dabei die größte Rolle. Der Entzug positiver Verstärker (finanzielle Aufwendungen) oder Bestrafung durch langfristige negative Konsequenzen scheinen eine geringere Rolle zu spielen). ▶ Abb. 1 (aus dem Selbsthilfemanual Batra & Buchkremer, 2017) illustriert den unmittelbaren Zusammenhang.

Klassische Konditionierungsprozesse ergeben sich im Verlauf des Konsums, wenn angenehme psychotrope Effekte des Rauchens an bestimmte Tätigkeiten, Situationen oder vormals neutrale Stimuli (»cues«: z. B. Zigarettenschachtel, Feuerzeug) gekoppelt werden. Die Koppelung an innere, emotionale Auslöser (Frustration, Ängstlichkeit und soziale Unsicherheit, aber auch der sinkende Nikotinspiegel) wird weniger stark wahrgenommen, ist aber stark mit der sog. Funktionalität (Entlastung und Entspannung; Abwehr negativer Gefühle und Empfindungen wie Langeweile, Angst, Depression, Unsicherheit; Förderung von Konzentration und Aufmerksamkeit; Appetitregulation; soziale Zugehörigkeit u. a.) des Konsums verbunden.

Auf der Ebene der Verstärker sind psychotrope Effekte, Selbstsicherheit, Stimmungsverbesserung, Gefühle der Zugehörigkeit, Konzentrationssteigerung, Entlastungen durch Pausen, aber auch negative Verstärker wie die Vermeidung von Entzugssymptomen oder von ungeliebten Tätigkeiten oder die Spannungsreduktion in individuell unterschiedlichem Maße wirksam. Sowohl positive als auch negative Verstärkermechanismen halten die Sucht aufrecht.

Abb. 1: Auslöser und Konsequenzen des Rauchverhaltens

Die individuelle funktionelle Bedeutung des Tabakkonsums (Was für Vorteile vermittelt der Konsum? Welche Belastungen bringt die Abstinenz mit sich?) ist ein Ansatzpunkt für die psychotherapeutischen Interventionen.

Wege aus der Sucht – Entwöhnungsmethoden und Erfolgsaussichten

Mit der Erforschung psychotherapeutischer Möglichkeiten zur Tabakentwöhnung wurde in Großbritannien und den USA in den 1960er Jahren begonnen. Ausgehend von der Erkenntnis, dass bei der Tabakabhängigkeit sowohl körperliche als auch psychische Faktoren die Abhängigkeit bestimmen, wurden neben der Erforschung psychotherapeutisch wirksamer Verfahren auch medikamentöse Hilfsmittel entwickelt.

Im Rahmen dieser Bemühungen entstanden aber auch viele wirkungslose und zum Teil sogar unseriöse Verfahren. Um die erfolgversprechenden und wissenschaftlich fundierten Methoden von den weniger seriösen Angeboten trennen zu können, haben deutsche und englischsprachige Wissenschaftler (West 2005, Batra 2008) folgende Bewertungskriterien aufgestellt und weiterentwickelt: Tabakentwöhnungsmethoden müssen

- eine theoretische Rationale beinhalten (z. B. die Lerntheorie) und lehrbar sein,
- wirtschaftlich und praktikabel bzw. breit anwendbar sein,
- zur Rückfallverhütung geeignet sein, bzw. den Betroffenen im Falle eines Rückfalls Möglichkeiten zur Bewältigung der Krise an die Hand geben,
- evidenzbasiert sein: Die wissenschaftliche Untersuchung muss die Wirksamkeit im Vergleich zu einer Beratung oder einer bereits anerkannten Form der Unterstützung in einem randomisierten kontrollierten Design untersuchen und den Erfolg auf der Basis einer objektiven Abstinenzkontrolle sechs oder zwölf Monate nach Beendigung der Therapie belegen, um kurzfristige, unspezifische Effekte auszuschließen.

Unter den gegenwärtig vorzugsweise angebotenen Methoden zur Tabakentwöhnung sind die Folgenden ernsthaft zu diskutieren:

Die *Akupunktur* ist weit verbreitet, die Wirkmechanismen des Verfahrens sind jedoch nicht geklärt. Die Akupunktur gilt als möglicherweise effizient in der Unterstützung der akuten Entwöhnungsphase, langfristige Erfolge konnten jedoch bisher nicht nachgewiesen werden, eine Verum- und Placeboakupunktur zeigten sich langfristig gleich wirksam. Die Leitlinien empfehlen die Akupunktur nicht.

Für die *Hypnose* (Trance mit erhöhter Suggestibilität) als bedeutsamste Form der suggestiven Verfahren gilt ähnliches wie für die *Akupunktur*, die langfristige Effizienz konnte noch nicht in kontrollierten, wissenschaftlichen Kriterien genügenden Studien nachgewiesen werden. Die Leitlinien empfehlen die Hypnosebehandlung nicht.

Als Nachteil beider Verfahren gilt, dass sie dem Raucher keine Möglichkeiten zur Bewältigung von Krisen und Versuchungssituationen an die Hand geben.

Anders verhält es sich mit der *Hypnotherapie*: Trance und Suggestionen werden in Verbindung mit einer individuellen Erarbeitung des funktionellen Hintergrunds des Rauchens in einem einzel- oder gruppentherapeutischen Setting eingesetzt. Dazu liegen mittlerweile einige Studien vor. Die Leitlinien machen daher die Aussage, eine Hypnotherapie zur Tabakentwöhnung könne eingesetzt werden.

Bei den *Verhaltenstherapien* handelt es sich um die umfassendsten und wirksamsten Verfahren zur Rauchentwöhnung. Sie werden zumeist in Gruppen, aber auch einzeln durchgeführt und bestehen aus drei Phasen: 1. der Selbstbeobachtungsphase, 2. der akuten Entwöhnungsphase sowie 3. einer Phase zur Stabilisierung des Entwöhnungserfolges und zur Rückfallprophylaxe.

- *Die Selbstbeobachtungsphase* hat das Ziel, die Funktionen des Rauchverhaltens im Alltag sichtbar zu machen. Selbstbeobachtung und damit der Erwerb von Wissen über Funktionszusammenhänge eines Verhaltens, das bisher automatisiert und unkontrollierbar erschien, ermöglicht die Vorbereitung auf schwierige Situationen und hilft damit bei der Bewältigung der akuten Entwöhnungsphase sowie bei späteren rückfallkritischen Situationen.
- *Die akute Entwöhnungsphase* erfolgt im Anschluss an die Selbstbeobachtungsphase entweder über die Punkt-Schluss-Methode (sofortiger Rauchstopp) oder über die schrittweise Reduktion des Zigarettenkonsums, die Reduktionsmethode. Die schrittweise Entwöhnung erfolgt über die Bildung von Teilzielen und den Einsatz von Selbstkontrollregeln. In der Phase der Unterstützung des akuten Entwöhnungsprozesses geht es um den Aufbau von Alternativverhalten zum Rauchen. Die Kenntnis der Funktion (Funktionalität) des Rauchens für die einzelne Person ist Voraussetzung für individualisierte Empfehlungen (Umgang mit Stress, Umgang mit Konzentrationsstörungen, Selbstunsicherheit, depressiven Gedanken etc.). Dadurch soll ein Ersatz für das Rauchen gefunden und in den Alltag integriert werden. Des Weiteren soll der Entwöhnungserfolg durch den Einsatz von Verträgen und Belohnungen sowie den Aufbau sozialer Unterstützung begünstigt werden.
- In der Phase der *Stabilisierung des Entwöhnungserfolges und der Rückfallprophylaxe* soll der langfristige Erfolg der Entwöhnung durch die Identifikation von rückfallkritischen Situationen und die Entwicklung und Erprobung von Bewältigungsstrategien (in Form von Rollenspielen und über das gezielte Aufsuchen rückfallkritischer Situationen) abgesichert werden.

In neuerer Zeit wird auch die Wirkung achtsamkeitsbasierter Methoden untersucht – noch fehlt ein eindeutiger Wirksamkeitsbeleg, dennoch erwähnen die S3-Leitlinien diese Vorgehensweise.

Unter den medikamentösen Verfahren stehen mit der vorübergehenden Gabe von *Nikotin* (Nikotinersatztherapie mit: Nikotinpflaster, -kaugummi, -tabletten, -inhaler oder -mundspray), dem Antidepressivum Bupropion (Zyban®), sowie den beiden partiellen Agonisten am nikotinischen alpha4beta2-Acetylcholinrezeptor Vareniclin (Champix®) oder Cytisin (Asmoken®) wirkungsvolle Hilfen zur Steigerung des Abstinenzerfolges zur Verfügung. Wirkprinzip der medikamentösen Therapie ist die Milderung der Entzugssymptomatik und des Rauchverlangens, um den Entwöhnungsprozess zu erleichtern. Die genauen Wirkprinzipen der medikamentösen Unterstützung werden im Kapitel »Wirkweise der für die Tabakentwöhnung zugelassenen Medikamente« beschrieben.

> Die Kombination aus einem verhaltenstherapeutischen Tabakentwöhnungsprogramm mit einer medikamentösen Unterstützung wird dem Verständnis der Tabakabhängigkeit als einer Kombination aus psychischen und physiologischen Komponenten am ehesten gerecht.

Viele andere Verfahren, sei es »Handauflegen«, der Einsatz von Naturprodukten oder spezielle, häufig auch sehr kostenintensive Verfahren, sind sehr kritisch zu betrachten: Oftmals kommen sog. »unspezifische Wirkfaktoren«, z. B. der suggestive Einfluss des Therapeuten, nicht jedoch eine wissenschaftliche Basis der Therapie zum Tragen. Der Therapeut kann durch seine geschickte psychologische Unterstützung zwar hohe kurzfristige Erfolgsquoten erzielen, viele Raucher werden aber dennoch bald wieder rückfällig, weil sie in diesen »Therapien« die funktionelle Bedeutung des Rauchens nicht erfassen und nicht lernen konnten, mit der ganz individuellen Funktion des Rauchens für ihre Person umzugehen.

Was bestimmt den Erfolg einer Tabakentwöhnung?

Ganz klar: Nur wer wirklich aufhören möchte, schafft es auch. Doch selbst bei einer hohen Motivation kann noch einiges schief gehen.
　Rauchern ohne Abhängigkeitssyndrom gelingt die Verwirklichung des Abstinenzvorhabens häufig ohne fremde Hilfe. Anders stellt es sich dagegen bei einer Abhängigkeit dar. Da die Tabakabhängigkeit sowohl durch eine physische als auch eine psychische Komponente bestimmt ist, müssen in einer Tabakentwöhnung auch beide Komponenten angegangen werden.
　Die physische Komponente ist durch die Nikotinabhängigkeit charakterisiert und führt beim Rauchstopp zu körperlichen Entzugssymptomen. Diese umfassen Craving (ein starkes Rauchverlangen), Schlafstörungen, Müdigkeit, Konzentrationsmangel, Nervosität, Unruhe, aber auch Verstopfung oder Hungergefühl.
　Die psychische Abhängigkeit äußert sich im Unvermögen, auf das Rauchen in bestimmten Situationen zu verzichten und der so genannten allgemeinsprachlich umschriebenen »Macht der Gewohnheit« zu widerstehen. Das Rauchen wurde »gelernt« und ist fester ritualisierter Bestandteil des individuellen Verhaltensrepertoires geworden.
　Jede ernstgemeinte Rauchentwöhnungsbehandlung muss sich mit *beiden* Bedingungen der Sucht auseinandersetzen: die körperlichen Entzugssymptome, die so

unangenehm sein können, dass sie trotz einer hohen Ausgangsmotivation zur Abstinenz zum Rückfall führen, müssen gemildert werden, Versuchungssituationen müssen überwunden, Gewohnheiten durchbrochen werden.

Wirkelemente der Verhaltenstherapie

Die Wirkelemente in der Verhaltenstherapie sind folgenden Bereichen zuzuordnen:

Psychoedukation, d.h. gezielte Informationsvermittlung zum Aufbau einer Therapierationale und Motivationsförderung

Voraussetzung für eine solide Motivation ist eine umfassende sachliche Aufklärung über individuelle Risiken des Tabakkonsums, Modelle der Tabakabhängigkeit und der Entstehung des Konsumverhaltens, über Vorteile der Abstinenz und Möglichkeiten der Entwöhnung.

Ziel der Motivationsarbeit ist in erster Linie die Festigung der intrinsischen Motivation und die Steigerung des Therapievertrauens.

Informationen über die Nachteile des Rauchens sollen durch Vermittlung von Kenntnissen über mögliche positive Veränderungen mit beginnender Abstinenz und die Vorteile des Nichtrauchens ergänzt werden.

Der Raucher lernt, den Tabakkonsum hinsichtlich einer möglichen Abhängigkeit zu bewerten. Inhalt der Psychoedukation ist eine Aufklärung über die zu erwartenden Entzugssymptome, damit keine Verunsicherungen durch die als Entzugssymptomatik zu verstehende Nervosität, die Konzentrationsstörungen oder Schlafstörungen auftreten. Dauer, Schwere und Möglichkeiten zur Unterdrückung der Entzugssymptome müssen bekannt sein, um eine frühe Rückfälligkeit aufgrund der Entzugssymptome abzuwenden.

Empfehlungen zum Umgang mit Nervosität und Unruhe, Konzentrationsstörungen, Schlafstörungen und dem starken Verlangen nach einer Zigarette sind ebenfalls Teil einer Psychoedukation zu Beginn der Therapie.

Die Technik der »Motivationsförderung« verlangt vom Raucher, selbstständig die für ihn typischen Vor- und Nachteile des Rauchens zu notieren, dabei lang- und kurzfristige Konsequenzen zu erwägen und eine umfassende, möglichst schriftliche Bilanzierung vorzunehmen, die ihn in seinem Abstinenzwunsch bestärkt.

Selbst bei überzeugten, konsonanten Rauchern kann durch eine solche Vorgehensweise die Entscheidung zur Fortsetzung des Rauchens in Frage gestellt werden. Ohnehin schon bezüglich des Rauchens dissonante Teilnehmer von Entwöhnungskursen werden in ihrem Abstinenzwunsch gefestigt.

Ergänzend verstärkt die Abwägung der Vor- und Nachteile einer Abstinenz die Entscheidung zugunsten des Rauchstopps, wenn positive Aspekte der Abstinenz betont und die möglichen Nachteile einer Abstinenz (z.B. fehlende Copingstrategien für den Umgang mit Stress) durch den Therapeuten mit Angeboten zur Problemlösung (z. B. Stressimpfungstraining) aufgelöst werden.

Abbau des Problemverhaltens und Aufbau eines Alternativverhaltens

Der Therapieprozess zielt darauf, alte, im Zusammenhang mit dem Rauchen erworbene (scheinbar sinnvolle) Verhaltensmuster abzubauen und neue – mit dem Rauchen nicht kompatible – Verhaltensweisen zu ermöglichen. Zu den therapeutischen Techniken gehören operante Verfahren (Einsatz von direkten und indirekten Belohnungen für das Alternativverhalten und direkte und indirekte Bestrafungen für die Fortsetzung des Problemverhaltens), Selbstkontrollmethoden zur Stimuluskontrolle und der gezielte Aufbau eines Alternativverhaltens. All dies sind schnell wirksame und effiziente Erfolgsstrategien, die auch ohne medikamentöse Unterstützung in Abhängigkeit von der Ausgangsmotivation des Rauchers ansehnliche Erfolge vermitteln können.

Nachfolgend sollen die theoretischen Grundzüge der wichtigsten Wirkelemente kurz dargestellt werden:

Verhaltensbeobachtung: Selbstbeobachtung und Protokollierung

Vor Beginn einer Verhaltensänderung ist die genaue Kenntnis der typischen Rauchmuster, der Funktion des Rauchens und der Konsequenzen des Rauchens in bestimmten Situationen – auch im Hinblick auf rückfallgefährliche Situationen, die zu einem späteren Zeitpunkt die kontinuierliche Abstinenz gefährden können – wichtig.

Die Protokollierung der Verhaltensbeobachtung erfolgt über einfache Strichlisten oder mehr oder minder ausführliche Situations- und Tagesprotokolle, in denen nicht allein die Zahl der Zigaretten registriert, sondern die Umstände beschrieben werden, unter denen geraucht wird. In einem erweiterten Sinne gehört auch die Protokollierung von Versuchungssituationen und erfolgreicher Maßnahmen zur Unterdrückung des Rauchverlangens dazu.

Diese Selbstbeobachtungsphase sollte mindestens sieben, jedoch nicht mehr als zehn Tage währen, um die Motivation des Rauchers zur baldigen Beendigung des Tabakkonsums nicht zu unterlaufen.

Die Selbstbeobachtung hat nicht nur den Zweck, den Tageszigarettenkonsum zu quantifizieren sowie objektive und valide Angaben zu den Umständen und der Funktion des Rauchens zu erhalten, sondern auch die Funktion, rückfallgefährliche Situationen zu isolieren, d. h. Situationen herauszuarbeiten, in denen der Raucher häufig zur Zigarette greift oder das Rauchverhalten an bestimmte Hinweisreize bindet.

Ein erwünschter Nebeneffekt der Selbstbeobachtungsphase ist die bereits im Sinne der »Reaktivität« stattfindende Reduktion des Tageszigarettenkonsums, sofern die Regel eingehalten wird, dass die Notiz zum Rauchkonsum bzw. den Umständen des Rauchens vor und nicht nach dem Anzünden der Zigarette erfolgt.

Situations-/Reizkontrolle (Stimuluskontrolle)

Mit Hilfe der Selbstbeobachtung, der Strichlisten und Tagesprotokolle werden rückfallgefährliche Situationen sowie Hinweisreize, so genannte »Cues«, identifiziert. Hinweisreize sollen künftig frühzeitig als Warnsignale identifiziert, eventuell vermieden oder beseitigt werden. Rauchutensilien, Aschenbecher, Zigaretten oder Feuerzeuge müssen entfernt und typische, mit dem Rauchen verbundene Beschäftigungen vermieden werden.

Operante Verstärkung

Das Rauchen wird als extrem verstärkend erlebt. Die unmittelbaren Wirkungen des Nikotins, des Geschmacks und der assoziierten Empfindungen können nur schwer durch andere Belohnungen, seien es Sinnesempfindungen, Kognitionen oder Emotionen, geschweige denn durch materielle Verstärker, ersetzt werden. Dennoch sollten sich die Raucher der operanten Verstärkung bedienen.

Der erfolgreiche Rauchstopp ist initial und in definierten Zeitabständen in Abhängigkeit vom Erfolg zu belohnen. Misserfolge, d.h. das Nichterreichen des Abstinenzziels oder Abstinenzverletzungen, können dagegen bestraft werden.

Wirksam sind vor allem kurzfristige und für die betreffende Person subjektiv wertvolle Verstärker (Alltagstätigkeiten und generalisierte Verstärker haben oft wenig Erfolg).

Der Abstinenzerfolg sollte auch noch langfristig verstärkt werden, am besten durch intermittierende Erinnerungen zu bestimmten Daten (z.B. nach drei, sechs und zwölf Monaten), um die Abstinenzmotivation durch die Verdeutlichung des bis dahin erreichten Abstinenzerfolges weiter zu erhöhen.

Soziale Unterstützung/Kurshelfer und Soziale Kontrakte

Die Berücksichtigung der sozialen Unterstützung im Therapieprozess erhöht die Abstinenzaussichten. Hierzu eignen sich nicht nur die Bekanntgabe des Aufhörwunsches und die Einbeziehung des Partners in die Therapie, sondern auch vertragliche Regelungen oder Vereinbarungen. Diese werden zwar von manchen Teilnehmern an Rauchentwöhnungskursen nur ungern angenommen, haben sich aber als erfolgreiche Unterstützung erwiesen.

Hierbei werden Raucher gebeten, eine Person ihres Vertrauens – dies können Angehörige, Kollegen, aber auch der Therapeut selbst sein – um Unterstützung zu bitten. In dieser Vereinbarung wird festgelegt, dass eine bestimmte Leistung erbracht wird, wenn ein Therapieziel nicht erreicht wird, andererseits aber auch eine bestimmte Belohnung in Anspruch genommen werden soll, wenn das angestrebte Ziel erreicht wird.

Aufbau von Alternativverhalten

Die operante Verstärkung des Nichtrauchens ist zwar eingangs hilfreich, verliert aber mit der Zeit an Wert.

Parallel zum Abbau des Problemverhaltens sollten »Alternativverhaltensweisen« aufgebaut werden, die die Funktion des Rauchens partiell übernehmen können – beispielsweise Entspannungstechniken zur Stressreduktion, aber auch sportliche und mit dem nun begonnenen »gesunden Leben« in Einklang stehende Beschäftigungen, die Erfolg vermitteln und aufgrund ihrer positiven Konsequenzen den Abstinenzerfolg zusätzlich belohnen.

Gegebenenfalls muss das Freizeitverhalten geändert werden, wenn Kontakte mit Freunden vor allem in einer rauchertypischen Umgebung (z. B. Gaststätten, Vereinslokale o. ä.) aufrechterhalten wurden.

Neu auftretende Verhaltensweisen, die rückfallverhütend wirken, müssen genauso wie der Verzicht auf den Zigarettenkonsum zunächst positiv verstärkt werden, bis sich die positive Verstärkung aus dem erfolgreich umgesetzten neuen Verhalten ergibt.

Rückfallprophylaxe

Mit einer nachlassenden Motivation, beim Auftreten von Schwierigkeiten bei der Aufrechterhaltung der Abstinenz oder beim Aufkommen des Gefühls, mit der Abstinenz Lebensqualität verloren zu haben, wächst die Rückfallgefahr.

Inadäquate Versuche, rückfallgefährliche Situationen zu überwinden, mangelnde Fertigkeiten, soziale Unterstützung zu akquirieren und Defizite in den zur Verfügung stehenden Copingstrategien sind für baldige Rückfälle verantwortlich.

Versuchungssituationen sowie beruflicher und privater Stress gehören zu den häufigsten Rückfallursachen.

Die verhaltenstherapeutisch orientierte psychotherapeutische Behandlung muss also Bewältigungsfertigkeiten des Einzelnen im Hinblick auf rückfallgefährliche Situationen stärken.

Die Rückfallprophylaxe bedient sich der sozialen Kontrakte (Verträge, Vereinbarungen oder Wetten), der Vorbereitung auf rückfallgefährdende Versuchungssituationen durch Rollenspiele und der kognitiven Vorbereitung von Bewältigungsmöglichkeiten.

Individuelle Risiken, eine starke Entzugssymptomatik oder eine starke Gewichtszunahme, die vom Raucher schlecht toleriert wird und nicht selten zum Rückfall führt, kann durch Informationen zur gesunden *Ernährung* oder aber vermehrte körperliche Aktivität und sportliche Betätigung bzw. durch eine medikamentöse Unterstützung zur Bewältigung der *Entzugssymptome* begrenzt werden.

Progressive Muskelentspannung

Ein Entspannungsverfahren ist für sich allein als Entwöhnungshilfe nicht ausreichend wirksam, kann jedoch als unterstützende Maßnahme sehr hilfreich sein.

Entspannungsübungen können zum einen eine innere Distanzierung zum Rauchen ermöglichen, bieten zum anderen aber auch eine gute Möglichkeit, in sehr belastenden, anspannenden Situationen Stressempfinden abzubauen.

Die progressive Muskelentspannung nach Jacobson wird in einem Entwöhnungskurs für Raucher, der ohnehin schon viele Komponenten enthält, besser zu integrieren sein als beispielsweise das autogene Training, das mehr vorbereitender Übungen bedarf.

»Punkt-Schluss-« versus Reduktionsmethode

Zwei verschiedene Verfahren werden zur Beendigung des Konsums eingesetzt: die »Punkt-Schluss-Methode« und die Reduktionsmethode.

Während die Reduktionsmethode eine allmähliche Reduktion des täglichen Zigarettenkonsums mit Hilfe von Selbstkontrollregeln (Regeln zur Stimuluskontrolle, -einengung und -beseitigung) vorsieht, strebt die »Punkt-Schluss-Methode« die sofortige Beendigung des Zigarettenkonsums an einem definierten Tag an.

Bei der Reduktionsmethode wird in Kauf genommen, dass die Abstinenzmotivation des Rauchers mit dem Sinken der Zahl der täglich konsumierten Zigaretten abnimmt, da dieser den Konsum nur weniger Zigaretten pro Tag schließlich als weitaus weniger gesundheitsgefährdend erlebt als den zuvor häufig praktizierten Konsum von mehr als 20 Zigaretten pro Tag. Der ambivalente Raucher stellt dabei gleichzeitig fest, dass mit jeder Zigarette, auf die er verzichtet, der Tabakkonsum wieder genussvoller wird. Manche beschließen daher zu diesem Zeitpunkt, bei einem mäßigen Konsum zu bleiben und lassen dabei außer Acht, dass der Konsum sich mittelfristig wieder steigern wird.

Mit der Punkt-Schluss-Methode ist eine sofortige unterstützende Nikotinsubstitution möglich. Der Raucher kommt hierbei sehr viel schneller zum Ziel und wird für seinen Abstinenzerfolg unmittelbar verstärkt.

Die Vorteile der Punkt-Schluss-Methode überwiegen. Das vorliegende Programm arbeitet daher nach der Punkt-Schluss-Methode.

Wirkweise der für die Tabakentwöhnung zugelassenen Medikamente

Die *Nikotinersatztherapie* soll das Nikotin aus der Zigarette vorübergehend substituieren. Nikotin, die wichtigste psychotrope Substanz, wird bei Umstellung auf eine Nikotinsubstitution nicht mehr aus der Zigarette, sondern ohne weitere schädigende Substanzen über ein Pflaster, Kaugummi, einen Inhaler, eine Tablette oder ein Mundspray aufgenommen. Damit wird die Entzugssymptomatik gemindert und zugleich eine Entkoppelung der Nikotinwirkung vom Vorgang des Rauchens erreicht. Im Verlauf einiger Wochen soll die Dosis kontinuierlich reduziert werden, um schließlich eine komplette Nikotinabstinenz zu erzielen.

Nikotinpflaster geben Nikotin über einen Zeitraum von 24 oder 16 Stunden gleichmäßig über die Haut an den Körper ab. Damit werden Nikotinpeaks, die eher suchtfördernd sein könnten, vermieden. Der erreichte Wirkspiegel genügt, um die Entzugssymptomatik zu unterdrücken. Die verfügbaren Pflastersysteme mit drei Dosierungsstärken sehen eine Reduktion in zwei Schritten über einen Zeitraum von sechs bis zwölf Wochen vor. *Nikotinkaugummis* oder *-tabletten* (beide verfügbar in Stärken von 2 oder 4 mg) sollten im therapeutischen Kontext möglichst nach einem festgelegten Schema eingesetzt werden: Nach Ermittlung der optimalen Menge an Kaugummis in den ersten beiden Tagen des Rauchstopps sollte diese Menge für einen Zeitraum von ca. einer Woche beibehalten und dann schrittweise über einen Verlauf von sechs bis zwölf Wochen ausgeschlichen werden. Ein ähnliches Verfahren kann für das Nikotinmundspray verwendet werden. Auf diese Weise soll sichergestellt werden, dass eine völlige Entwöhnung von Nikotin stattfindet. Nebenwirkungen sind jeweils produktspezifisch und beinhalten meist eine Reizung der Haut oder Schleimhaut, weitere nikotinspezifische Nebenwirkungen sind Rauchern wohl vertraut. Nikotinersatztherapeutika sind rezeptfrei in der Apotheke erhältlich. Die Kosten müssen bei der derzeitigen Rechtslage noch vom Patienten selbst übernommen werden. Eine Nikotinersatztherapie erhöht die Wahrscheinlichkeit für einen erfolgreichen Rauchstopp unabhängig von der Begleitbehandlung den Metaanalysen verfügbarer Studien zufolge um den Faktor 1,5 bis 1,7.

Bupropion ist ein monozyklisches Antidepressivum, das eine schwache Wiederaufnahmehemmung von Dopamin und Noradrenalin bewirkt und damit einen Teil der Nikotinwirkung im Gehirn ersetzt. Die Entzugssymptomatik wird gemildert. Die Medikation ist verschreibungspflichtig. In der ersten Woche sollte die Tagesdosierung 150 mg am Morgen nicht überschreiten, ab der zweiten Woche soll die Dosis auf zwei Tabletten zu je 150 mg erhöht werden. Da Bupropion (Handelsname: Zyban®) den Schlaf stören kann, sollte die zweite Einnahme nicht später als am Nachmittag erfolgen. Die Medikation ist nicht nebenwirkungsfrei: neben einer (oft erwünschten) Reduktion des Appetits auf Süßigkeiten berichten Patienten von Tremor und Mundtrockenheit. Nach acht Wochen sollte die Einnahme beendet werden. Die Medikation ist nicht geeignet für Personen, die ein erhöhtes Risiko für einen epileptischen Anfall haben. Die ärztliche Abklärung bzgl. möglicher Risiken ist daher erforderlich. Die Effektivität einer Einnahme von Bupropion zur Tabakentwöhnung ist vergleichbar mit der einer Nikotinersatztherapie.

Vareniclin und *Cytisin* sind wirksamer als die beiden anderen Produkte: beide stimulieren als partielle Nikotinrezeptoragonisten u. a. den gleichen Rezeptor wie Nikotin. Das Rauchverlangen wird somit deutlich reduziert. Zugleich ist der von den Medikamenten besetzte Rezeptor für Nikotin kaum noch zugänglich, daher ist der Zigarettenkonsum ohne spürbare Verstärkerwirkung. Während Vareniclin im Verlauf einer Woche langsam auf 2 × 1 mg dosiert (in den ersten drei Tagen wird pro Tag eine Tablette Vareniclin zu 0,5 mg eingenommen, an den Tagen 4–7 sind es zwei Tabletten mit je 0,5 mg Wirkstoff, ab dem achten Tag bleibt die tägliche Dosis bei zweimal 1 mg Vareniclin; zu diesem Zeitpunkt soll der Zigarettenkonsum beendet werden) und dann kontinuierlich bei gleicher Dosis über zwölf Wochen eingenommen werden soll, verlangt das therapeutische Konzept von Cytisin einen Behandlungsstart mit maximaler Dosis von 9 mg am ersten Tag und eine allmähliche ausschleichende Dosierung innerhalb von 25 Tagen. Beide Medikamente sind verschreibungspflichtig. Als Nebenwirkung werden Schwindel, Müdigkeit und leichte Übelkeit, bei Cytisin auch gastrointestinale Beschwerden beschrieben. Die Behandlungskosten sind etwas höher als bei der Verschreibung von Nikotin oder Bupropion.

Die Wirksamkeit beider Substanzen wurde in randomisierten Studien untersucht und gut belegt. Die langfristigen Abstinenzquoten sind nach der bisherigen Studienlage höher als bei der Einnahme von Bupropion oder der Nikotinersatztherapie. Wenn eine Abstinenz unter der Nikotinersatztherapie nicht gelang, ist Vareniclin eine wirkungsvollere Alternative.

Zu allen Medikamenten wird online ein Informationsblatt zur Verfügung gestellt.

Relevante Empfehlungen aus der Behandlungsleitlinien

Die im Jahr 2021 aktualisierte und von über 40 Fachgesellschaften verabschiedete S3-Leitlinie gibt insgesamt 78 Empfehlungen zur Diagnostik, Beratung, Kurzintervention, Psycho- und Pharmakotherapie des Rauchens und der Tabakabhängigkeit (AWMF 2021, Batra et al. 2022).

Für Tabakentwöhnungstherapeuten, die in die Behandlung entwöhnungswilliger Raucher involviert sind, stellt die nachfolgende Auswahl an Empfehlungen die wichtigsten Kernaussagen zusammen:

Diagnostik und Dokumentation

- Der Fagerströmtest soll zur weiterführenden Diagnostik eingesetzt werden, um die Stärke der Zigarettenabhängigkeit einzuschätzen. (Ziel: Systematische Erfassung des Rauchstatus, der Konsumintensität und der Abhängigkeit)

Psychotherapeutische Interventionen zur Unterstützung der dauerhaften Abstinenz

- Verhaltenstherapeutische Einzel- und Gruppeninterventionen zur Erreichung der Tabakabstinenz sind wirksam und sollen in der medizinischen und psychosozialen Gesundheitsversorgung angeboten werden.
- Verhaltenstherapeutische Behandlungen zur Unterstützung der Tabakabstinenz sollten mehrere Komponenten (insbes. Psychoedukation, Motivationsstärkung, Maßnahmen zur kurzfristigen Rückfallprophylaxe, Interventionen zur Stärkung der Selbstwirksamkeit, alltagspraktische Beratung mit konkreten

Verhaltensinstruktionen und praktischen Bewältigungsstrategien (Problemlöse- und Fertigkeitentraining, Stressmanagement)) beinhalten.
- Die Hypnotherapie und achtsamkeitsbasierte Methoden können zur Tabakentwöhnung angeboten werden.

Arzneimittel zur medikamentösen Unterstützung des aufhörbereiten Rauchers:

- Zur Entzugsbehandlung soll die Nikotinersatztherapie (Nikotinpflaster, Nikotinkaugummi, Nikotininhaler, Nikotinlutschtablette oder Nikotinspray) angeboten werden. Die Dosis eines Nikotinersatzpräparats soll in Abhängigkeit vom Bedarf des Rauchers gewählt werden.
- Bei unzureichender Wirksamkeit der Monotherapie soll eine 2-fach-Kombination von Pflaster und Kaugummi, Lutschtablette, Spray oder Inhaler angeboten werden.
- Bupropion oder Vareniclin sollen alternativ zur Nikotinersatztherapie als pharmakologische Monotherapien zur Tabakentwöhnung angeboten werden. Seit 12/2020 kann auch Cytisin zur pharmakologischen Unterstützung angeboten werden.
- Nortriptylin oder Clonidin können zur Tabakentwöhnung unter Beachtung möglicher Risiken angeboten werden, wenn zugelassene Therapieformen nicht zum Erfolg geführt haben. Nortriptylin und Clonidin sind jedoch für diese Indikation in Deutschland nicht zugelassen
- Wird eine Fortsetzung der laufenden medikamentösen Behandlung zur Rückfallprophylaxe erwogen, können Nikotinersatz, Vareniclin oder Bupropion angeboten werden.
- Raucher, die den Tabakkonsum beenden wollen und denen eine Medikation zur Tabakentzugsbehandlung angeboten wird, sollen eine begleitende Beratung zur Unterstützung des Rauchstopps erhalten.
- Wenn verfügbar und angemessen, soll bei Verwendung von Medikamenten eine Kombination mit einem verhaltenstherapeutischen Tabakentwöhnungsprogramm angeboten werden.

Vorgehen bei einzelnen Zielgruppen (Ziel: Verbesserung der Aufhörchancen einzelner Untergruppen) wie Jugendlichen, Schwangeren, älteren, psychisch oder körperlich kranken Rauchern:

- Jugendlichen sollen Kombinationen von altersgerechter Psychoedukation, Motivationssteigerung (Motivational Enhancement, Selbstwirksamkeit), qualitätsgeprüften niedrigschwelligen Interventionen (Kurzberatung/short counselling, Selbsthilfematerial, Raucherfibeln, Quickguides/Kurzanleitungen, Infomaterial, Fertigkeitsvermittlung) sowie Tabakentwöhnungsprogramme mit verhaltenstherapeutischem Schwerpunkt, motivierender Intervention und Erhöhung der Selbstwirksamkeitserwartung angeboten werden. Nikotinpflaster können ihnen in begründeten Ausnahmefällen, wenn andere emp-

fohlene Interventionen nicht zum Erfolg geführt haben, im Rahmen der Tabakentzugstherapie unter gründlicher Nutzen-Risiko-Abwägung als Off-Label-Verschreibung angeboten werden. Auch qualitätsgeprüfte Computer-, Internet- und Smartphone-gestützte Programme zur Tabakentwöhnung sollten Jugendlichen angeboten werden.
- Schwangeren Frauen sollen insbesondere eine Intensivberatung, Verhaltensmodifikation und Motivationsstrategien zur Erreichung des Rauchstopps angeboten werden.
- Älteren Personen (50+) sollen eher intensivere Behandlungsformen der Tabakabhängigkeit (kombinierte Methoden inkl. psychologischer Beratung, Medikation und langfristiger Begleitung) angeboten werden.
- Rauchenden Patienten, die wegen einer Tabak-assoziierten Erkrankung im Krankenhaus sind, soll eine Rauchstoppempfehlung gegeben und eine Tabakentwöhnung angeboten bzw. vermittelt werden. Die Tabakentwöhnung soll im Krankenhaus beginnen und unterstützenden Kontakt über mindestens einen Monat beinhalten.
- Rauchenden depressiven Patienten oder Rauchern mit einer Depression in der Vorgeschichte soll eine Behandlung zur Beendigung des Tabakkonsums mit auf die depressive Symptomatik bezogenen Komponenten (z. B. Stimmungsmanagement) angeboten werden. Ihnen sollen zudem Nikotinersatztherapie und Vareniclin in einem »staged care«-Ansatz angeboten werden.
- Rauchenden Patienten mit einer stabilen Schizophrenie sollten zur Beendigung des Tabakkonsums Bupropion oder Vareniclin oder eine Nikotinersatztherapieangeboten werden. Ihnen können zudem verhaltenstherapeutische (Verstärker-orientierte) Ansätze angeboten werden.
- Rauchenden Patienten mit Substanzkonsumstörung/Suchterkrankung (neben Tabak) mit Absicht der Abstinenzerreichung soll eine Behandlung zur Beendigung des Tabakkonsums angeboten werden. Ihnen sollte zudem eine pharmakologische Unterstützung des Rauchstopps oder eine Kombinationsbehandlung (aus kognitiv-behavioraler Therapie oder Individualberatung plus Kontingenzmanagement plus medikamentöser Unterstützung) angeboten werden.

Harm Reduction

- Rauchern, die ihren Tabakkonsum nicht aufgeben können oder reduzieren wollen, sollten Hilfestellungen zur Reduktion des Tabakkonsums (Nikotinersatztherapie, Beratung, Verhaltenstherapie) angeboten werden (Ziel: Konsumreduktion bei fehlender Aufhörmotivation).

Materialien, die online verfügbar sind

- Psychoedukationsfolien-/Vortragsfolien (mit Kommentaren) zu
  - Epidemiologie,

- Folgeerkrankungen,
- Diagnostik und
- Therapie
• Fagerströmtest für Zigarettenabhängigkeit
• Aufklärungsbögen zu medikamentösen Unterstützungen (siehe Anhang)
  - Nikotinersatzprodukte
  - Bupropion
  - Cytisin
  - Vareniclin
• Linkliste
• Verzeichnis weiterführender Literatur

B Praktische Umsetzung des Therapieprogramms

Konzeption und Strukturierung des Therapieprogramms

Gliederung der therapeutischen Einheiten

Die therapeutischen Einheiten für die einzelnen Therapiestunden sind nach folgendem Schema aufgebaut:

> **Therapeutische Ziele**
>
> Die therapeutischen Ziele legen fest, welche Inhalte in einer Therapiestunde erarbeitet werden sollten. Diese Inhalte sind natürlich nicht bindend, sie haben sich jedoch in vielen Gruppenbehandlungen als zweckmäßig und im Rahmen eines abgeschlossenen Behandlungsprogramms als wirkungsvoll erwiesen.
> Im Laufe des therapeutischen Prozesses werden individuelle Anliegen der Teilnehmer immer wichtiger und verlangen vom Therapeuten eine wachsende Flexibilität. Das therapeutische Ziel der Tabakentwöhnung bleibt die Abstinenz, im Einzelfall jedoch kann dieses Ziel durch besondere Umstände verändert werden. So kann es zweckmäßig sein, sich mit Teilerfolgen zufrieden zu geben oder als Therapieziel die »Harm reduction«, den anhaltend reduzierten Tabakkonsum, als ersten erfolgreichen Schritt auf dem Weg zu einer erst in der Zukunft realisierbaren Abstinenz anzunehmen.

Therapeutische Bausteine

Das Kurskonzept umfasst zwölf Einheiten á 45 Minuten. Zwei Einheiten sind dabei jeweils direkt aufeinander aufbauend und werden daher direkt nacheinander durchgeführt. Dazwischen ist eine kleine Pause (5 Min.) angedacht. Die Kurseinheiten sind über sechs Wochen verteilt, können aber auch in kürzeren Abständen angeboten werden.

Je nach Gruppenkonstellation werden einzelne Bausteine besser angenommen als andere, hier erfordert es wieder die spezielle Therapiesituation, aus den angebotenen Therapiebausteinen die geeignetsten auszuwählen.

Auf einzelne Bausteine kann aus inhaltlichen Erwägungen verzichtet werden, manche Inhalte – insbesondere aus den ersten Therapiestunden – können bei großen und sehr kommunikationsfreudigen Gruppen nicht alle in einer Stunde abgehandelt werden und müssen flexibel in die nachfolgenden Gruppensitzungen verschoben werden.

Die Inhalte der einzelnen Stunden können Teilnehmenden als Handout zur Verfügung gestellt werden – alternativ kann auch darauf verwiesen werden, kursbegleitend das inhaltsgleiche Selbsthilfemanual (Batra A, Buchkremer G (2017) Nichtrauchen! Erfolgreich aussteigen in sechs Schritten. 6. Auflage, Kohlhammer, Stuttgart) zu lesen und zu nutzen.

In Ergänzung zum vorliegenden Therapeutenmanual kann für einzelne Zielgruppen (mit depressiven Gedanken, selbstunsicherem Verhalten, starker Nikotinabhängigkeit u. a.) auch das erweiterte Manual »Individualisierte Tabakentwöhnung« von Torchalla, Schröter und Batra (2014) aus dem Kohlhammer Verlag genutzt werden.

Beispielinterventionen

Viele therapeutische Konstellationen bilden so genannte Standardsituationen ab. Manche Fragen werden in jeder Gruppe aktuell und lassen sich durch Standardinterventionen gut in den therapeutischen Prozess eingliedern.

Für die häufigsten Standardsituationen werden nachfolgend Beispiele genannt – dies sind Vorschläge, die Anregungen geben sollen, wie mit Fragen, Problemsituationen oder Komplikationen im Therapieverlauf umzugehen ist. Jeder Therapeut wird hier seine eigene Technik verwenden. Wiederum sei erwähnt, dass die skizzierten Interventionen mehrfach erprobt sind und sich als hilfreich erwiesen haben.

Evaluation des vorliegenden Programms

Das vorliegende Kurskonzept wurde in mehreren Studien evaluiert und erwies sich in kontrollierten Studien als wirksam für diverse Zielgruppen (Literaturstellen im Verzeichnis »Publikationen mit Bezug zum Programm«):

Das Programm wurde erstmals an Rauchern, die in der hausärztlichen Praxis rekrutiert wurden, im Vergleich mit einer »Bibliotherapie« evaluiert und erwies sich über einen Zeitraum von 52 Wochen als wirksam (Batra et al. 1994, 1995, 1996, 2000; Schupp et al. 1997). Da sich hierbei schon zeigte, dass Rauchende mit einem hohen FTND-Wert schlechter abschnitten, untersuchte eine Folgestudie, ob durch eine Ergänzung mit einer medikamentösen Behandlung in Form einer Nikotinersatztherapie mit Nikotinpflaster und -nasalspray höhere Erfolgsquoten erzielt würden. Dies bestätigte sich in der Gruppe der Rauchenden mit einem FTND-Wert von mind. 7 Punkten.

Schwangere und Frauen mit gesundheitlichen Risikofaktoren waren eine weitere Risikogruppe – spezifische Erweiterungen des Programms sollten die Bedürfnisse dieser Zielgruppe adressieren. Hier zeigte sich die Einzelbehandlung mit den Kurskomponenten wirkungsvoller als das Gruppentherapieprogramm (Heuer-Jung et al. 1996). Ergänzungen zur Rückfallbewältigung waren weniger erfolgreich als die vorliegende, auf den Aufbau der Abstinenzzuversicht fokussierte Version des Programms (Schröter et al. 2006). Als Prädiktoren für ein schlechteres Abschneiden im

Programm erwiesen sich depressive, selbstunsichere Persönlichkeitszüge ebenso wie Merkmale der Hyperaktivität und geringen Fokussierungsfähigkeit (Batra et al. 2008, 2019). Als Konsequenz hieraus wurde für diese Zielgruppen ein Manual zur Ergänzung des vorliegenden Programms entwickelt (Torchalla et al. 2014).

Der Einsatz der Therapie bei alkoholabhängigen Rauchenden war ebenso wirkungsvoll wie der Vergleich des hier beschriebenen Vorgehens mit einer hypnotherapeutischen Behandlungsbedingung (Batra et al. 2001, 2023). Aktuell wird eine Studie ausgewertet, die das Programm mit einer Cue-exposure mit Verwendung der virtuellen Realität untersuchte (Kroczek 2023a, 2023b).

Die Ergebnisse der Studien sind auch in die aktuelle S3-Behandlungsleitlinie eingeflossen (AWMF 2021).

> **Materialien, die online verfügbar sind**
>
> Liste der Publikationen mit Bezug zum Programm

C Therapieeinheiten im Detail

Vorbereitung/Informationsveranstaltung

> **Ziele**
>
> 1. Erhebung und Dokumentation der Rauchanamnese
> 2. Diagnosestellung
> 3. Vorbereitung der Behandlungs- und Verlaufskontrolle
> 4. Messung von Kohlenmonoxid in der Ausatemluft: Abstinenzkontrolle und Motivationshilfe

Methoden/Vorgehen

Informationen zum Rauchverhalten der interessierten Teilnehmer, zur Tabakabhängigkeit und Therapiemotivation können bei einer telefonischen Anmeldung oder aber anlässlich eines Informationstermins (allein oder aus ökonomischen Gründen in der Gruppe) erhoben werden.

Zugleich können im Vorgespräch Informationen zum Ablauf des Therapieprogramms (Termine und Inhalte) sowie zu den Kosten der Behandlung gegeben werden.

Bei dieser Gelegenheit sollten die Teilnehmer darauf hingewiesen werden, dass ein regelmäßiges Erscheinen an allen sechs Terminen sinnvoll ist. Die Teilnehmer sollten pro Termin wenigstens 90 (am ersten Termin möglicherweise bis zu 120) Minuten Zeit mitbringen.

Bereits bei diesem Termin kann darauf hingewiesen werden, dass die Behandlung, obgleich sie in einer Gruppensituation stattfindet, voraussetzt, dass jeder vertraulich mit den ihm zugänglichen Informationen über das Rauchverhalten und die persönlichen Belange der anderen Kursteilnehmer umgeht.

Für Rückfragen stehen zwischen den Therapiestunden die Therapeuten über eine Servicetelefonnummer zur Verfügung.

Wichtig ist zu betonen, dass die Kosten der Behandlung zunächst nur die Psychotherapie umfassen und dass weitere Kosten durch die medikamentöse Unterstützung entstehen.

1. Erhebung und Dokumentation der Rauchanamnese

Sinnvoll ist die Dokumentation der Rauchanamnese auf einem standardisierten Dokumentationsbogen (siehe Vorlage).

Teil der Dokumentation sollten neben den typischen soziodemografischen Daten und Angaben zur Rauchanamnese auch der Fagerström-Test für Zigarettenabhängigkeit, die Anzahl früherer Abstinenzversuche, eine Einnahme insbesondere psychotroper Medikamente sowie die Aufzählung der Begleiterkrankungen sein.

Neben Risikofaktoren für einen Rückfall (starke Abhängigkeit, nächtliches Rauchen, zahlreiche vergebliche Abstinenzversuche) sollten auch bislang in Anspruch genommene Hilfsmittel und Therapieformen und der aktuelle Therapievorschlag dokumentiert werden.

2. Diagnosestellung (z. B. nach den ICD-Kriterien für Abhängigkeit) bzw. Abschätzung der Stärke der Abhängigkeit mit Hilfe des Fagerström-Tests für Zigarettenabhängigkeit

Die *Tabakabhängigkeit* ist gemäß den diagnostischen Kriterien des ICD-10 gegeben, wenn drei der nachfolgend genannten Kriterien im Verlauf der vergangenen zwölf Monate erfüllt waren:

- ein zwanghafter Tabakkonsum
- eine Toleranzentwicklung
- das Auftreten von körperlichen Entzugssymptomen bei Abstinenz (Schlafstörungen, Konzentrationsstörungen, eine vermehrte Reizbarkeit und Aggressivität, Unruhe, Angst und Depressivität, Appetitsteigerung mit konsekutiver Gewichtszunahme)
- der anhaltende Konsum trotz des Auftretens tabakbedingter Folgeschäden
- eine Veränderung der Lebensgewohnheiten, um den Tabakkonsum aufrechterhalten zu können
- die eingeschränkte Kontrolle über das Rauchverhalten

Im Gegensatz zur dichotomen Klassifizierung des Rauchers in »abhängig« oder »nichtabhängig« erlaubt die Diagnostik mit Hilfe des Fagerström-Tests (siehe Online-Materialien) eine dimensionale Betrachtung der Stärke der Nikotinabhängigkeit und ermöglicht damit auch eine differenzielle Therapieplanung (bezüglich der Begleitmedikation und der Intensität der psychotherapeutischen Unterstützung).

3. Vorbereitung der Behandlungs- und Verlaufskontrolle

Das Therapieprotokoll (siehe Vorlage und Online-Materialien) dient zur Dokumentation des therapeutischen Fortschrittes.

Es wird empfohlen, die Dokumentation der therapeutischen Fortschritte auf Reduktionserfolge, Nebenwirkungen der Begleitmedikation, Abstinenztag und Rückfallsituationen abzustimmen.

4. Messung von Kohlenmonoxid in der Ausatemluft: Abstinenzkontrolle und Motivationshilfe

Die CO-Messung in der Ausatemluft ist ein empfehlenswertes Instrument in der gruppentherapeutischen Sitzung, das sowohl die Abstinenzangaben validiert als auch als ein positives Feedback-Instrument zur Visualisierung des erreichten Erfolges in der Reduktion von Schadstoffen aus dem Tabakrauch genutzt werden kann.

Die Messung erfolgt mit Hilfe eines Kohlenmonoxid-Messgerätes zur Bestimmung der Kohlenmonoxid-Belastung der Ausatemluft. Angeboten werden sowohl Geräte, die einen einfachen digitalen Messwert liefern, als auch Geräte, die über Leuchtdioden oder nach Anschluss an einen Computer mittels einer ansprechenden Bildschirmdarstellung oder eines farbigen Ausdrucks die gemessenen Werte und die mit dem Messwert verbundene Gefährdung interpretieren.

Die Messung des Kohlenmonoxid-Gehaltes der Ausatemluft ist nicht nur eine einfache Methode zur Abstinenzkontrolle (sie gibt Auskunft über den Zigarettenkonsum im Verlauf der letzten 4 bis 8 Stunden), sondern lässt sich als Feedback-Mechanismus im Sinne einer Motivationshilfe im Gespräch mit dem Raucher überzeugend einsetzen. Die meisten Raucher haben eine Vorstellung von der Schädlichkeit des Kohlenmonoxids und erkennen somit in der Darstellung des CO-Gehaltes der Ausatemluft erstmals einen messbaren Parameter für die Schädlichkeit des Rauchens.

> **Materialien, die online verfügbar sind:**
>
> ✓ Dokumentationsbogen Rauchanamnese
> ✓ Therapieprotokoll

C Therapieeinheiten im Detail

BeraterIn:	Datum:
Name:	Geb. Datum: ☐☐.☐☐.☐☐☐☐
Anschrift:	
Telefon:	

Rauchanamnestische Daten:

Wann nach dem Erwachen rauchen Sie Ihre erste Zigarette?	Innerhalb von 5 Minuten	
	Innerhalb von 6–30 Minuten	
	Innerhalb von 30–60 Minuten	
	Nach 60 Minuten	
Finden Sie es schwierig, an Orten, an denen das Rauchen verboten ist (z. B. Kino, Bücherei usw.) das Rauchen sein zu lassen?	Ja	
	Nein	
Auf welche Zigarette würden Sie nicht verzichten wollen?	Die erste am Morgen	
	andere	
Wie viele Zigaretten rauchen Sie im Allgemeinen pro Tag?	bis 10	
	11–20	
	21–30	
	mehr als 30	
Rauchen Sie am Morgen im Allgemeinen mehr als am Rest des Tages?	Ja	
	Nein	
Kommt es vor, dass Sie rauchen, wenn Sie krank sind und tagsüber im Bett bleiben müssen?	Ja	
	Nein	

Wurde bei Ihnen jemals eine der folgenden Krankheiten diagnostiziert? (nennen Sie diese)

☐ Allergie:_____

☐ Herz-/ Kreislauferkrankungen:_____

☐ Magen/Darmerkrankungen:_____

☐ Krebserkrankungen:_____

☐ Atemwegserkrankungen:_____

☐ Sonstige:_____

Nehmen Sie Medikamente?   ☐ Ja   ☐ Nein   Falls ja: welche?
_____

Waren Sie in den letzten Wochen oder Monaten depressiv verstimmt?
                                                    ☐ Ja   ☐ Nein

Falls ja: Sind Sie diesbezüglich aktuell in Behandlung?   ☐ Ja   ☐ Nein

Waren Sie in der Vergangenheit oder sind Sie aktuell wegen psychischer Probleme in Behandlung?
                                                    ☐ Ja   ☐ Nein

Falls ja: Was war der Grund der Behandlung? (Diagnose?)
_____   _____

Ihre Körpergröße: _____cm   Ihr aktuelles Körpergewicht: _____kg

Überprüfen Sie bitte folgende Aussagen zu Ihrem Rauchverhalten:
☐ Ich rauche gleich nach dem Erwachen die erste Zigarette und über den Tag verteilt in relativ gleichmäßigen Abständen weiter, um keine Entzugserscheinungen zu bekommen.
☐ Manchmal rauche ich lange Zeit gar nicht und dann wieder eine Zigarette nach der anderen.

Wie alt waren Sie, als Sie begannen regelmäßig zu rauchen? _____ Jahre
Haben Sie jemals versucht mit dem Rauchen aufzuhören?
☐ Ja   ☐ Nein
Wenn ja, wie oft? _____ mal
Wie lange war Ihre längste rauchfreie Zeit? _____
Wann war Ihre längste rauchfreie Zeit? _____

Mit welchen Unterstützungen haben Sie bereits versucht, mit dem Rauchen aufzuhören?
☐ ohne Hilfsmittel
☐ Nikotinpflaster
☐ Bupropion (Zyban®)
☐ Selbsthilfebroschüre
☐ Nikotinkaugummi
☐ Vareniclin/Cytisin (Champix®/Asmoken®)
☐ Gruppentherapie
☐ Nikotinnasenspray oder -mundspray
☐ Hypnose
☐ Akupunktur
☐ Nikotinlutschtabletten
☐ Nikotininhaler
☐ anderes: _____

Erinnern Sie sich, warum Sie nach der letzten rauchfreien Phase wieder begonnen haben zu rauchen?
☐ aus Verlangen/Suchtdruck
☐ weil Personen in meinem Umfeld rauchten
☐ unter Stress
☐ weil ich schlechter Stimmung war
☐ nach einem guten Essen
☐ in Verbindung mit Alkohol
☐ wegen der Gewichtszunahme
☐ anderer Grund: _____

Wurde Ihnen vom Arzt geraten, mit dem Rauchen aufzuhören?
☐ Ja   ☐ Nein
Falls ja: warum? _____
Möchte Ihr/e Partner/in, dass Sie mit dem Rauchen aufhören?
☐ Ja   ☐ Nein

C Therapieeinheiten im Detail

Sind Sie schwanger?
☐ Ja   ☐ Nein
Tragen Sie eine Zahnprothese?
☐ Ja   ☐ Nein
Wie sind Sie auf unseren Kurs aufmerksam geworden? _____

Sonstiges: _____

Therapieprotokoll

Datum	Zig./ Tag	Medikation/ Dosis	CO [ppm]	Kommentar/Besonderheiten	Hz. Therap.

1. Stunde

Therapeutische Ziele

1. Gegenseitiges Kennenlernen der Gruppenmitglieder/Kontaktaufnahme innerhalb der Gruppe
2. Verstärkung des Abstinenzvorhabens, Motivationsförderung; Exkurs »Erlaubniserteilende Gedanken«
3. Vermittlung von Informationen zum Rauchen und zur Tabakabhängigkeit
4. Physiologische Messung der Rauchbelastung, z. B. mit Hilfe eines Kohlenmonoxid-Messgerätes
5. Dokumentation des Fortschritts in der Gruppe
6. Klärung der Erwartungen und Befürchtungen an den Kurs bzw. an den Prozess der Tabakentwöhnung
7. Erklärung der Therapierationale
8. Erläuterung der verhaltenstherapeutischen Prinzipien; Exkurs »Lerntheoretische Modelle der Abhängigkeit«
9. Erläuterung der medikamentösen Unterstützung
10. Einleitung der Selbstbeobachtungsphase zur erweiterten Diagnostik

11. Einführung der Feedback-Runde nach jeder Therapiesitzung
12. Ausblick auf die Inhalte der nächsten Stunde

Therapeutische Bausteine

1. Gegenseitiges Kennenlernen der Gruppenmitglieder/Kontaktaufnahme innerhalb der Gruppe

Die Atmosphäre zu Beginn der ersten Gruppenstunde wird oft von der Unsicherheit der Teilnehmenden geprägt. Es bietet sich an, nach einer kurzen Begrüßung eine Vorstellung des Therapeuten und der zugehörigen Einrichtung anzuschließen, ehe die Teilnehmenden gebeten werden, sich einzeln mit ihren bisherigen Erfahrungen bei Rauchstoppversuchen vorzustellen und ihre mitgebrachten Erwartungen an den Kurs zu benennen.

Zeitintensiver, aber für die Gruppenatmosphäre förderlicher ist ein Paarinterview mit der gegenseitigen Erörterung und nachfolgenden Vorstellung von Erwartungen und Befürchtungen des Interviewpartners.

2. Verstärkung des Abstinenzvorhabens, Motivationsförderung

Die Gründe für die Entscheidung zur Teilnahme am Kursangebot sind vielfältig. Gesundheitliche Aspekte, die Angst vor negativen Auswirkungen des Rauchens, Verantwortungsgefühle mit Blick auf die Vorbildfunktion vor den eigenen Kindern, finanzielle Aspekte oder einfach das Gefühl, von Zigaretten abhängig zu sein, lässt viele ganz entschlossen zur Therapie kommen. Manche sind durchaus noch ambivalent, geben dem Druck oder Wunsch ihrer Angehörigen nach und kennzeichnen sich durch Zurückhaltung und Ablehnung. Gedanken wie »Das bringt mir doch auch nichts«, »Ich will mal sehen, was Sie so drauf haben, ich bin eher skeptisch« klingen zunächst entmutigend, dienen aber der individuellen Selbstwertstärkung und Verhinderung von Gefühlen der Frustration bei einem Scheitern. Viele Teilnehmer sind neugierig, zugleich aber auch noch zweifelnd und ambivalent bezüglich ihrer Entscheidung, das Rauchen aufzugeben. Es gilt, die Gruppenkohäsion zu fördern und zugleich ein gemeinsames Ziel zu definieren.

Folgende Schritte sind möglich:

Gratulation und positive Verstärkung des Entschlusses, das Rauchen aufzugeben

Ich gratuliere Ihnen allen zu Ihrem Entschluss, das Rauchen aufzugeben! Dies war sicher kein leichter, aber doch ein wichtiger Schritt, der für Sie bald mit vielen Vorteilen verbunden sein wird.
Auch wenn Sie heute noch nicht sicher sind, ob Sie das wirklich wollen, so sind Sie doch hier, weil es gute Gründe dafür gibt – eigene Gründe oder auch der Wunsch einer anderen Person, die Sie so sehr liebt/der Sie so wichtig sind, dass sie sich wünscht, dass Sie das Rauchen aufgeben!

Sammeln Sie und verstärken Sie die individuellen und aktuellen Motivationen, das Rauchen aufzugeben (z. B. Gesundheit, Gefühl der Abhängigkeit, finanzielle Aspekte, Vorbildfunktion gegenüber eigenen Kindern)

Nennen Sie mir zuallererst Ihre Gründe, nunmehr Nichtraucher werden zu wollen.

Falls nur wenige Beispiele genannt werden, Hilfestellung durch den Therapeuten.

Spielen neben den von Ihnen genannten Gründen auch die folgenden eine nennenswerte Rolle?

- Die hohen Gesundheitsrisiken?
- Die eingeschränkte körperliche Leistungsfähigkeit?
- Eine Krankheit, die mit dem Rauchen in Verbindung steht?
- Die Klagen Ihrer Mitmenschen?
- Die hohen Kosten?
- Der stets schlechte Geschmack und Geruch?
- Das Gefühl der Abhängigkeit?
- Die Einschränkung Ihrer Freizeitmöglichkeiten?
- Das Vorbild einer anderen Person, die es schon geschafft hat?

In vielen Fällen ist die Motivation noch schwankend und ausbaufähig. Mit Hilfe des Waage-Modells können Vor- und Nachteile der Abstinenz und des Konsums einander gegenübergestellt werden. Das Waage-Modell (▶ Abb. 2) kann einzeln, in Kleingruppen (zeitliche Vorgabe: 10–15 Minuten) oder in der Gruppe erarbeitet werden. Ein mögliches Ergebnis der Ausarbeitung ist in Abbildung 2 dargestellt.
Das Waage-Modell wird durch gezielte Fragen des Therapeuten zusammengestellt, kann zudem aber auch als »Hausaufgabe« zur selbstständigen Erarbeitung mitgegeben werden (siehe Material zur 1. Stunde und Online-Materialien).
Wichtiger Tipp für die Bearbeitung in der Gruppe:

· Rauchen entspannt mich/ komme besser mit Stress klar · Rauchen erleichtert Kontakte · Rauchen steigert meine Konzentration · Ich gönne mir sonst nichts	· Rauchen macht schlechten Atem, gelbe Zähne und Finger · Krebsgefahr · Zigaretten sind teuer · Herzinfarkt und Schlaganfall · Vorzeitige Hautalterung
· Werde ich zunehmen, wenn ich mit dem Rauchen aufhöre? · Der Nikotinentzug/die Sucht ist zu stark für mich · Alle meine Freunde rauchen...	· Mehr Gesundheit durch Nichtrauchen · Ich spare viel Geld · Besserer Geschmackssinn · Positives Selbstbild · Körperliche Fitness

Abb. 2: Motivationswaage

Gehen Sie in folgender Reihenfolge durch die Waage/die Vierfeldertafel

1. Beginnen Sie links oben mit den Vorteilen.

> »Es ist normal, dass das Rauchen für Sie auch Vorteile hat – ansonsten hätten Sie es nicht so lange ausgeübt. Wir dürfen die Vorteile nicht ausblenden! In schwierigen Zeiten nutzen »erlaubniserteilende Gedanken« diese positiven Seiten des Rauchens. Umso wichtiger ist es, sich damit jetzt schon auseinanderzusetzen.« Der Vorteil dieser Vorgehensweise: es entsteht eine positive Stimmung, die Akzeptanz der Schwierigkeiten des Klienten unterstützt das therapeutische Bündnis.

2. Gehen Sie nun in das Feld rechts oben:

> »Nun geht es um die Nachteile des Rauchens: wo haben Sie selbst schon negative Konsequenzen erfahren? Was würde Sie beängstigen? Was nervt Sie am Rauchen?« Hier beginnt die »harte Arbeit«, die Bilanzierung. Vorteile und Nachteile des Rauchens können gegeneinander abgewogen werden. In der Gruppe kann gemeinsam erarbeitet werden, dass die Vorteile kurzfristig und die Nachteile zwar langfristig auftreten, aber umso gravierender sind. Jungen Menschen fällt es schwer, langfristige Konsequenzen in den Blick zu nehmen, je älter und reifer wir sind, desto mehr orientieren wir uns an langfristigen Zielen, Plänen oder Konsequenzen unseres Tuns.

3. Gehen Sie nun zum Feld rechts unten!

> »Lassen Sie uns konsequent weiterdenken: Was wäre denn, wenn Sie das Rauchen nicht mehr ausüben würden? Hätte die Abstinenz auch Vorteile? Gäbe es etwas, was Sie »gewinnen« könnten?! Hier werden häufig Argumente angeführt wie

beispielsweise: »Dann fallen die negativen Konsequenzen natürlich alle weg, mehr fällt mir nicht ein«. Vielleicht ist es wichtig zu betonen, dass dieser Verzicht auch stolz machen kann, Selbstwert schafft und Freiheit herstellt. Dies wäre dann eine neue Konsequenz, die mit der Abstinenz verbunden wäre. Vorsicht: An dieser Stelle könnten manche sehr zurückhaltend reagieren. Nach der Abwägung der Vor- und Nachteile bemerken sie die Absicht des Therapeuten und sind leicht verstimmt …

4. Erst jetzt gehen Sie zum Feld links unten:

»Was sind die Nachteile der Abstinenz? Wir wollen nicht über diesen Punkt hinweggehen. Wir müssen uns damit auseinandersetzen, dass das Rauchen auch eine Funktion gehabt hat. Was also sind die Nachteile des Nichtrauchens?« Wenn die Stichwortsammlung beendet ist, sind zwei Schritte möglich: Sie werten die Waage aus und stellen gemeinsam fest, dass die Abstinenz Vorteile hat. Aber wissen das nicht schon alle? Hier kommt die nächste Intervention, Ihr therapeutisches Angebot, ins Spiel: »Was wäre, wenn Sie in dieser Gruppe Techniken lernen würden, um mit diesen Schwierigkeiten umzugehen? Wenn Sie Tipps bekämen, wie Sie nicht zunehmen, wie Sie Ihre Freunde nicht verlieren, wie Sie Langeweile anders vertreiben könnten, wie Sie mit schlechten Stimmungen besser umgehen können, wie Sie die Konzentration trotzdem aufrechterhalten könnten, wie Sie die Angst vor dem Scheitern verlieren könnten …?« Mit diesem therapeutischen Angebot werden Inhalte und Ziele festgelegt, es geht nicht mehr allein um Abstinenzstärkung und Motivationsförderung zum Verzicht auf die Zigarette. Es geht um die Funktionalität des Konsums, die individuelle Bedeutung der Zigarette für jeden einzelnen und damit um die Erarbeitung möglicher individueller Hilfen für die Bewältigung der Abstinenz.

> **Hilfreiche Fragen für die einzelnen Komponenten des Waage-Modells:**
>
> 1. Welche Vorteile des Rauchens wollen Sie ungern aufgeben?
> 2. Haben Sie durch das Rauchen bereits persönliche Nachteile erlebt oder fürchten Sie drohende Nachteile?
> 3. Glauben Sie, dass die Abstinenz für Sie mit Nachteilen verbunden sein könnte (z. B. Gewichtszunahme, Entzugssymptome)? Halten Sie andererseits einen Aufhörversuch vielleicht sogar für aussichtslos, da bereits Krankheitssymptome aufgetreten sind bzw. Sie gesundheitliche Schäden durch das Rauchen davongetragen haben?
> 4. Welche Hoffnungen oder Erwartungen verbinden Sie mit einer Zukunft?

Wichtig ist die Diskussion häufiger oder unausgesprochener Gegenargumente gegen die absolute Abstinenz, z. B.:

- *Ich rauche weniger gefährlich, da ich Filter-Zigaretten oder Zigaretten mit niedrigem Nikotingehalt verwende:*

Der Umstieg auf Zigaretten mit niedrigerem Nikotingehalt kann zusätzliche Gefahren in sich bergen, da der geringere Nikotingehalt durch eine tiefere Inhalation mit einer deswegen höheren Schadstoffaufnahme kompensiert wird!
- *Ich kenne einen Raucher, der 88 Jahre alt geworden ist und immer noch 40 Zigaretten am Tag raucht, dabei gesund und munter ist.*
Die Wahrscheinlichkeit für das Auftreten der tabakassoziierten Folgeschäden ist hoch, lässt sich aber nicht individuell vorhersagen!
- *Ich fürchte mich vor der Gewichtszunahme, vor der Nervosität, vor den Entzugsbeschwerden, vor der Unruhe und den Schlafstörungen …*
Die Entzugssymptome sind in der Tat bei manchen Rauchern stark ausgeprägt. Wir können versuchen, das Ausmaß der Beschwerden durch Verhaltenstipps oder eine Nikotinersatztherapie/medikamentöse Unterstützung zu reduzieren.
- *Rauchen kann nicht schädlich sein, wenn so viele Ärzte rauchen.*
Auch Ärzte zeigen unvernünftige und ungesunde Verhaltensweisen. Dies macht das Rauchen nicht ungefährlicher. Viele Ärzte würden ebenfalls gerne das Rauchen aufgeben.
- *Kann ich nicht einfach auf die E-Zigarette umsteigen/hilft mir die E-Zigarette nicht besser als diese ganzen Medikamente?*
Die E-Zigarette ist ein Produkt der Tabakindustrie und von dieser nicht dazu geschaffen worden, den Rauchstopp zu erleichtern. Vielmehr ist sie ein Produkt, das die Kunden »bei der Stange« halten und neue Kundenkreise generieren soll. Die gesundheitsschädigende Wirkung wird ebenfalls untersucht – wegen der Lungenschädigung ist sie keineswegs unproblematisch. Man könnte sie evtl. einsetzen wie einen Nikotininhaler, der für die Tabakentwöhnung zugelassen ist – im Unterschied zu diesem enthält die E-Zigarette mehr Schad- und Geschmacksstoffe. Ist das ein Vorteil?

Die so erarbeitete Anfangsmotivation sollte mit Hilfe der Motivationskarte (siehe Online-Material zur 1. Stunde) fixiert werden.

Geben Sie den Teilnehmenden folgende Hausaufgabe mit:
»Fertigen Sie nun nach dieser spannenden Diskussion (eventuell erst zuhause) eine Liste mit Ihren persönlichen Vor- und Nachteilen an. Deponieren Sie diese gut sichtbar.

Holen Sie diese Liste auch später immer wieder hervor und vergegenwärtigen Sie sich nochmals Ihre Anfangsmotivation. Überlegen Sie stets: Sind weitere Gründe hinzugekommen?

Ergänzen Sie immer wieder Ihre neuen persönlichen Gründe für das Nichtrauchen, die sich im Lauf der Zeit ergeben.«

Exkurs »Erlaubniserteilende Gedanken«

Was sind erlaubniserteilende Gedanken?

Im Augenblick einer kognitiven Dissonanz, bei der Abwägung von Vorteilen des Konsums und den Abstinenzabsichten und -gründen, erleichtern »erlaubniserteilende Gedanken« den Konsum. Dahinter steht eine Grundannahme, die zu hinterfragen ist.

> **Beispiele**
>
> - »Eine geht immer«
>   *Grundannahme:* Einmal ist keinmal, nach einer werde ich sofort wieder aufhören können.
>   *Infragestellung:* Was wäre, wenn es sich um eine Sucht handeln würde?
> - »In so einer Situation muss ich einfach eine rauchen«
>   *Grundannahme:* Das Rauchen ist alternativlos.
>   *Infragestellung:* Wäre die Funktion der Zigarette in diesem Augenblick (Entspannung, Konzentrationsförderung etc.) durch eine andere Maßnahme zu ersetzen? Was wäre, wenn es eine Alternative gäbe?
> - »Morgen höre ich auf«
>   *Grundannahme:* Aufgeschoben ist nicht aufgehoben!
>   *Infragestellung:* Gute Idee! Sie erklären sich heute schon zum Helden des Tages, da dürfen Sie zur Belohnung noch einmal eine rauchen. Doch was hindert Sie daran, sich morgen wieder zum Helden des Tages zu erklären, wenn Sie abermals den Vorsatz um einen Tag verschieben?

3. Vermittlung von Informationen zum Rauchen und zur Tabakabhängigkeit – Psychoedukation/Vortrag

Allgemeine Informationen sollen die Gruppe auf einen einheitlichen Wissenstand bringen. Dazu eignet sich eine Auswahl aus dem beigefügten Material an Schaubildern und Präsentationen (siehe Anhang und Online). Weiteres Material, Schaubilder, Zahlen und Fakten finden Sie auch in unserer Linkliste und in den online verfügbaren Materialien.

> Ich gebe Ihnen im Folgenden einige Informationen, die Sie in Ihrem Entschluss weiter bestärken sollen.
> Ich erzähle Ihnen nicht nur etwas über die durch den Tabakkonsum verursachten Gesundheitsschäden, sondern vor allem auch über die positiven Veränderungen, die sich nach Beginn der Abstinenz einstellen.
> Vielleicht haben Sie das eine oder andere noch nicht gewusst und vielleicht sehen Sie sich hierdurch in Ihrem Abstinenzwunsch bestätigt.

Es ist sicher auch interessant für Sie zu erfahren, welchen Einfluss die Tabakindustrie auf uns nimmt.

Vielleicht kann ich Sie sogar überzeugen, dass die Abhängigkeit von Nikotin in gewisser Weise mit der Abhängigkeit von Heroin oder Alkohol vergleichbar ist. Gerne will ich Ihnen auch erklären, was die Experten meinen, wenn Sie von der Sucht des Rauchers sprechen.

Da Sie sicher schon viel über Entwöhnungsverfahren für Raucher gehört haben, will ich Ihnen ein paar Fachinformationen zu gängigen und akzeptierten, aber auch zu den weniger empfehlenswerten Therapieverfahren geben. Fachleute aus mehr als 40 medizinischen Fachgesellschaften haben Studien zu wirksamen und unwirksamen Ausstiegsmethoden ausgewertet und in einer sogenannten »Medizinischen Leitlinie« zusammengefasst.

Folgende Themen sollten unbedingt besprochen werden. Dazu steht Online eine umfassende Auswahl an Folien zur Verfügung.

- Epidemiologie des Rauchens
- Alternative Produkte wie E-Zigaretten, Tabakerhitzer, Shisha u. a.
- Gesundheitsgefährdende Wirkung des Rauchens (Cave: nicht zu ausführlich! Abschreckung erhöht die kognitive Dissonanz, weckt negative Affekte, Angst, Schuld- und Schamgefühle und begünstigt damit den Rückfall. Besser ist eine rasche Überleitung zu den positiven Konsequenzen des Nichtrauchens.)
- Motivationsförderung durch Benennung positiver Veränderungen, die mit dem Nichtrauchen auftreten (Zu nennen sind Konsequenzen des Rauchens und positive Veränderungen durch das Nichtrauchen, d.h. Wegfall der wirksamen Schadstoffe im Tabakrauch und der tabakassoziierten Gesundheitsschäden)
- Werbestrategien der Tabakindustrie
- Psychologische und biologische Modelle der Tabakabhängigkeit
- Wirkungen des Nikotins
- Folgen des Nikotinentzugs
- Darstellung der potenziellen Rauchstopphilfen
- Vorteile der Verhaltenstherapie
- Positive Effekte der medikamentösen Unterstützung durch Nikotin und andere Medikamente

4. Physiologische Messung der Rauchbelastung

Kohlenmonoxid-Kontrolle der Ausatemluft

Die Messung des CO-Gehalts sollte nicht nur zur initialen Diagnostik, sondern auch als Feedback-Instrument in jeder Sitzung durchgeführt werden.

> **Vorgehensweise**
>
> Der Raucher wird angewiesen, nach einer wenigstens 15-minütigen Rauchkarenz für ca. 15 bis 20 Sekunden die Luft anzuhalten, um dann langsam und gleichmäßig durch ein Mundstück in ein Ventil zu atmen. Das Gerät bestimmt in der ausströmenden Luft den Anteil der CO-Moleküle und berechnet die Konzentration als ppm (parts per million). Möglich ist eine Umrechnung in den prozentualen Anteil des Hämoglobins, das durch CO gebunden und inaktiviert ist. An einigen Geräten wird durch grüne, gelbe und rote Leuchtdioden die Gefährlichkeit der CO-Belastung für den Raucher visualisiert: Ab 10 ppm leuchtet die gelbe, ab 20 ppm die rote Diode auf.

Zur Auswertung: Abstinente, nicht (mehr) rauchende Personen sollten einen Wert von 0–4 ppm aufweisen. An Hämoglobin gebundenes CO hat eine Halbwertszeit von ca. acht Stunden, spätestens nach 48 Stunden sollte dieser Bereich erreicht worden sein. Der CO-Wert korreliert mit der Menge des aufgenommenen Kohlenmonoxids und damit indirekt auch mit der Zahl der täglich gerauchten Zigaretten: leichte Raucher weisen einen Wert von 5–10 ppm CO auf, mittelstarke Raucher einen Wert von 11–20 CO ppm, starke Raucher haben Werte ab 20 ppm, gelegentlich auch Werte von 40–50 ppm CO.
Cave: Sollte erst kurz vor der Messung eine Zigarette geraucht worden sein, wird nicht das CO, das im Blut gelöst war, gemessen, sondern das CO, das sich noch in den Atemwegen befand!

5. Dokumentation des Fortschritts der Gruppe

Innerhalb der Therapiegruppe nehmen sowohl kompetitive Mechanismen als auch eine supportiv wirksame Gruppenkohäsion einen Einfluss auf den Therapieerfolg. Dies gilt es zu verstärken, indem beispielsweise ein gemeinsames Gruppenziel formuliert wird (ab einem gemeinsamen Termin »rauchfrei«) oder die Vorbildfunktion einzelner zum Ansporn der anderen Gruppenmitglieder genutzt wird.

Eine grafische Darstellung des Fortschrittes in der Gruppe dient diesem Zweck.

Die individuellen CO-Werte (wenn kein CO-Messgerät zur Verfügung steht, ist alternativ die Zahl der in der vergangenen Woche pro Tag konsumierten Zigaretten zu verwenden) können den Fortschritt in Abhängigkeit von der Zeit grafisch darstellen und so den Erfolg des Rauchers dokumentieren (▶ Abb. 3). Die erste Eintragung dient also der Festlegung des Ausgangswertes.

C Therapieeinheiten im Detail

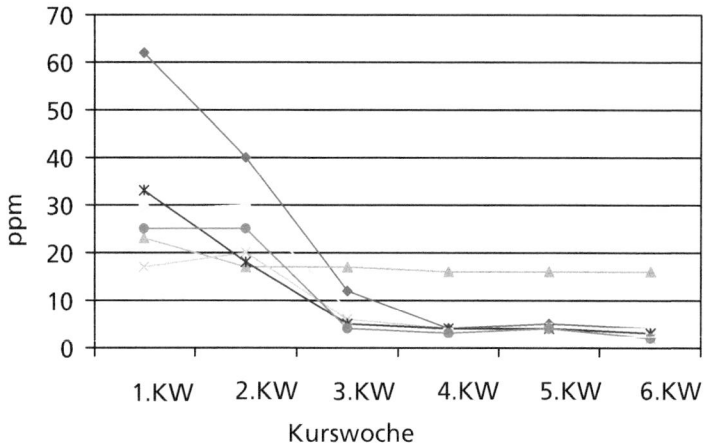

Abb. 3: Beispielhafter Verlauf der individuellen CO-Werte der Gruppenmitglieder im Laufe der Therapie

6. Klärung der Erwartungen an den Kurs und der Befürchtungen an den Prozess der Tabakentwöhnung

In einer offenen Diskussionsrunde sollten die Teilnehmer der Gruppe Gelegenheit bekommen, Erwartungen, Befürchtungen, negative Vorerfahrungen, Gerüchte und Vorkenntnisse ausführlich zu diskutieren.

Der Gruppenleiter sollte nach Möglichkeit eingangs lediglich die Moderatorenfunktion übernehmen und erst nach 10–15 Minuten die entstandenen offenen Fragen klären. Dies ist dann auch die Gelegenheit zur Überleitung in die Erklärung der Therapierationale.

7. Erläuterungen der Therapierationale

Die Stärke dieses leitliniengerechten verhaltenstherapeutischen Therapieprogramms liegt in der Kombination der wirksamen verhaltenstherapeutischen Techniken (Psychoedukation, Motivationsförderung, Stimuluskontrolle, alltagspraktischer Beratung, Aufbau externer sozialer Unterstützung, Bewältigung von Risikosituationen, Berücksichtigung der Funktionalität des Rauchens und Umgang mit erlaubniserteilenden Gedanken, Problemlöse- und Fertigkeitentraining, Stärkung der Selbstwirksamkeit, Stressreduktion) und der Einbettung von individuellen Empfehlungen zu einer medikamentösen Begleitbehandlung.

Dem Programm zugrunde liegt ein Modell der Tabakabhängigkeit, das soziale, psychologische und biologische Bedingungen verknüpft.

Dem Raucher muss vermittelt werden, dass die Unfähigkeit zur Abstinenz nicht einer »Charakterlosigkeit« oder »Willensschwäche« entspringt, sondern ihre Erklärung in vielfachen Interaktionen der psychischen und biologischen Ursachen sowie der Versuchungssituationen findet. Aus diesem Grund ist nur ein Therapieprogramm, das klassische und operante Verstärkerprinzipien berücksichtigt, die kognitive Auseinandersetzung mit potenziellen Rückfallsituationen fördert, die individuelle Funktionalität des Rauchens berücksichtigt und die körperliche Entzugssymptomatik mindert, geeignet, dem Raucher Fertigkeiten zu vermitteln, die ihm eine langfristige Abstinenz zu sichern helfen.

Bewährt haben sich folgende Instruktionen zur Vermittlung der Therapierationale:

8. Erläuterung der verhaltenstherapeutischen Prinzipien

Stichpunkte zur Lerntheorie:

- Konsequenzenorientierte Handlungsweise (operante Ausrichtung unseres Verhaltens)
- Bevorzugung kurzfristiger Verstärker (z. B. Entspannung) vor langfristigen Gefährdungen
- Auslösende Stimuli sind konditionierte Stimuli
- Erläuterung der Bedeutung positiver und negativer, kurz- und langfristiger Konsequenzen (siehe Exkurs über lerntheoretische Modelle des Rauchens)

Exkurs »Lerntheoretische Modelle der Abhängigkeit«

Ein erfolgreiches Rauchentwöhnungsprogramm berücksichtigt sowohl die psychische als auch die körperliche Abhängigkeit. Dieses Nichtraucherprogramm soll Ihnen helfen, beide Anteile zu überwinden.

Unser Verhalten wird in vielen Fällen durch die von uns erwarteten Konsequenzen gesteuert. Vom Rauchen erwarten wir Effekte wie Entspannung, Konzentrationsförderung, ein angenehmes Empfinden, eine Minderung des Hungergefühls etc. Diese Konsequenzen streben wir häufig unreflektiert an, ohne über Alternativen nachdenken zu können. Negative Konsequenzen spielen stets eine geringere Rolle als kurzfristig wirksame, positive Empfindungen, Belohnungen oder Konsequenzen. Andere Beispiele sollen dies plausibel machen:

- Das Lernverhalten wird durch die Noten, das Bestehen der Prüfung bestimmt.
- Glücksspiele werden durch den erwarteten Gewinn verstärkt.
- Bonuspunkte oder Rabattpunkte beeinflussen uns in unserer Kaufentscheidung.

Bei all diesen Beispielen spielen langfristige negative Konsequenzen (Verlust von Geld, Einengung der Kaufentscheidung, Wahl des möglicherweise schlechteren Produktes) eine geringere Rolle.

Auch beim Rauchen werden kurzfristige Verstärker, z. B. die Konzentrationsförderung oder Entspannung, stärker berücksichtigt als die langfristigen negativen Konsequenzen in Form von gesundheitlichen Gefährdungen.

Die Auswahl der verstärkenden Konsequenzen unterliegt der individuellen Funktionalität – jeder Rauchende profitiert in unterschiedlichem Ausmaß und in unterschiedlicher Zusammensetzung von der Wirkung des Rauchens.

Das Rauchverlangen wird überdies durch eine Vielzahl von unbewussten Reizen gesteuert, die mit der Zeit mit dem Rauchen verbunden (klassisch konditioniert) wurden. So erwecken der Anblick eines Aschenbechers, einer Zigarettenschachtel oder anderer Rauchutensilien den unbewussten Wunsch, zur Zigarette zu greifen. Häufig wird dieser Wunsch dann auch rasch umgesetzt. Auslösende externale Stimuli können genauso auch die Gesellschaft anderer sein, Stress am Arbeitsplatz oder typische Rauchsituationen, aber auch internale Stimuli wie Angst, Stressempfinden, ein Unbehagen in sozialen Situationen oder auch der sinkende Nikotinspiegel im Blut.

Die Überwindung der psychischen Abhängigkeit gelingt durch ein Wahrnehmen dieser Verknüpfungen des Rauchers mit den oft unbewusst angestrebten Konsequenzen oder unbewusst wahrgenommenen Reizen.

»Im Rahmen der Therapie soll überlegt werden, welche der Konsequenzen durch welche alternativen Strategien erworben werden können.

Das »Neulernen des Nichtrauchens« erfolgt in drei Schritten:

- Während der Beobachtungsphase des Rauchverhaltens sollen Sie sich Ihrer persönlichen Rauchsituation bewusst werden.
- Danach werden wir den Aufhörtermin festlegen. Wichtig ist die Beachtung der rückfallgefährlichen Situationen unter Berücksichtigung der zuvor gemachten Beobachtungen.
- In einer dritten Phase geht es um die langfristige Stabilisierung und den Versuch, mit rückfallgefährlichen Situationen adäquat umzugehen.«

9. Erläuterung der medikamentösen Unterstützung

Nach Möglichkeit sollte jeder abhängige Raucher (ein Hinweis darauf ist ein FTZA-Wert von mind. 5 Punkten) eine medikamentöse Entwöhnungshilfe in Anspruch nehmen. Die Abstinenzaussichten werden hierdurch nahezu verdoppelt.

Erläuterung der medikamentösen Behandlungsprinzipien

Stichpunkte:

- Unterdrückung der Entzugserscheinungen
- Entlastung, um sich ganz auf die Veränderung des Verhaltens konzentrieren zu können
- Formen der medikamentösen Unterstützung
- Erfolge und Nebenwirkungen

Rauchen ist nicht nur als ein Problem auf der Verhaltensebene zu erklären: Es gibt einige biologische Veränderungen, die durch das Rauchen und die Nikotinzufuhr verursacht werden und das fortgesetzte Rauchen so wichtig für den Körper machen. Dazu gehört z. B. die positive Befriedigung, die durch die Wirkungen des Nikotins auf das Gehirn vermittelt wird. Dies wird insbesondere durch die vermehrte Ausschüttung des Botenstoffes Dopamin im »Belohnungszentrum« des Gehirns erreicht.

Die Beeinflussung von negativen Emotionen, Angst, Unsicherheit oder Depressivität durch die Wirkung des Rauchens auf verschiedene Botenstoffe (darunter Serotonin, Noradrenalin oder beta-Endorphin) im Gehirn ist wissenschaftlich erwiesen.

Die regelmäßige Zufuhr von Nikotin führt zu einer Veränderung der Empfindlichkeit des Gehirns für Nikotin durch eine Vermehrung der Rezeptoren, an denen das Nikotin bindet (die nikotinergen Acetylcholinrezeptoren von Subtyp alpha4beta2).

Das Ausbleiben einer Nikotinzufuhr mittels der Zigarette fördert aufgrund der vorangegangenen Anpassung des Transmittersystems das Auftreten von Entzugssymptomen, zu denen Schlafstörungen, Nervosität, vermehrte Irritierbarkeit, Konzentrationsstörungen, eine schlechte Stimmung, depressive Symptome und einiges mehr zählen können. Diese Entzugssymptome halten zumindest einige Tage, meist ein bis sechs Wochen und manchmal auch wenige Monate an.

Bei der Überwindung der körperlichen Abhängigkeit sind Medikamente behilflich, die in den ersten Wochen der Abstinenz angewendet werden sollen. Diese sollen das Rauchverlangen und die Entzugserscheinungen (z. B. Müdigkeit, Verdauungsstörungen, Reizbarkeit, Nervosität, Konzentrationsstörungen) dämpfen und dadurch die Rückfallgefahr, die zu Beginn sehr hoch ist, senken.

Dadurch bleibt der Kopf frei und das »Erlernen« des Nichtrauchens fällt leichter. Als geeignet haben sich die Nikotinersatztherapie/Nikotinsubstitution und die Gabe des Antidepressivums Bupropion erwiesen. Des Weiteren stehen Medikamente, die die Wirkung des Nikotins an den nikotinergen Acetylcholinrezeptoren imitieren, zur Verfügung. Zugelassen sind in Deutschland Cytisin und Vareniclin, die zugleich auch verhindern, dass Nikotin, das der Raucher über die Zigarette aufnehmen würde, an diesen Rezeptoren seine Wirkung entfalten kann.

Die Nikotinsubstitution erfolgt über verschiedene Darreichungsformen: in Deutschland zugelassen sind Nikotinpflaster, Nikotinkaugummis, eine Nikotinlutschtablette, ein Nikotininhaler und ein Nikotinmundspray. In Einzelfällen ist auch der Bezug von Nikotinnasalspray, das in Deutschland nicht mehr im Handel ist, bei sehr starken Rauchern sinnvoll.

Diese Produkte enthalten reines Nikotin, das an den Körper weitergegeben wird. Die übrigen gesundheitsgefährdenden Inhaltsstoffe der Zigarette entfallen.

Bei Bupropion (Zyban®) gilt: Der Wirkstoff erhöht wie das Nikotin an einigen Stellen im Gehirn Dopamin und Noradrenalin und unterdrückt damit nicht nur die Entzugssymptome, sondern mildert auch das Rauchverlangen. Bupropion ist unter einem anderen Namen auch als Antidepressivum zugelassen. Zu den häufigen Nebenwirkungen gehören Mundtrockenheit und Schlafstörungen.

Vareniclin (Champix®) reduziert Entzugssymptome, indem es die Wirkung von Nikotin an den Rezeptoren imitiert, zugleich verhindert es die Wirkung von Nikotin aus der Zigarette – das Rauchen wird uninteressanter. Vareniclin muss langsam aufdosiert werden. Nach einer Woche ist die Zieldosis erreicht. Das Medikament kann 12 Wochen verwendet werden, im Erfolgsfall kann die Medikation auch zur Rückfallprophylaxe für weitere 12 Wochen fortgesetzt werden.

Cytisin (Asmoken®) hat einen vergleichbaren Wirkmechanismus wie Vareniclin, wird jedoch zu Beginn der Behandlung hoch eindosiert (6 × 1,5 mg) und dann im Verlauf von 25 Tagen ausgeschlichen.

Beide Medikamente sind den Studiendaten zufolge wirksamer als Nikotinersatz oder Bupropion.

Ausführliche Informationen zu den Produkten sind auf dem Informationsblatt nachzulesen. Wichtig ist: Bupropion, Vareniclin oder Cytisin sind rezeptpflichtig und müssen vom Arzt verschrieben werden.

Entwöhnungshilfen haben einige Nachteile, die ich Ihnen kurz schildern möchte: Sie bergen bei Nikotinkaugummi und Nikotinmundspray z. B. ein gewisses Risiko der weiteren Abhängigkeit. Der Suchtstoff, von dem man loskommen möchte, wird dem Körper weiterhin zugeführt, was zunächst unlogisch erscheint. Aufgrund der unterschiedlichen Zufuhr entstehen auch andere Nebenwirkungen als bei der Zigarette.

Auch die anderen zugelassenen Medikamente haben spezifische Nebenwirkungen.

Bedenken Sie aber bei der Abwägung der Vor- und Nachteile einer medikamentösen Unterstützung, dass die langfristigen Nachteile des Zigarettenkonsums weitaus schwerer wiegen als ein vorübergehender Einsatz einer Entwöhnungshilfe.

10. Einleitung der Selbstbeobachtungsphase zur erweiterten Diagnostik

Aus den Erklärungen zur verhaltenstherapeutischen Grundlage des Programms ergibt sich zwangsläufig, dass zunächst eine Selbstbeobachtungsphase erforderlich ist, um Charakteristika des Rauchens, typische Rückfallsituationen und vorhandene Ressourcen zum Umgang mit schwierigen Situationen auszuloten.

Die Selbstbeobachtungsphase sollte für die Dauer von wenigstens einer Woche durchgeführt werden. In dieser Zeit können sowohl Materialien zur einfachen Protokollierung der Zahl der Zigaretten pro Tag ausgegeben werden (Strichliste) als auch Tageskarten, die nicht nur die Zahl der Zigaretten, sondern auch die zeitlichen, örtlichen und situativen Umstände des Konsums erfassen sollen.

Da vielen Rauchern das Ausfüllen einer Tageskarte schwer fällt, können mit Hilfe des Situationsfragebogens (s. Material) Beispiele gegeben werden, welche Situationen notiert werden können. Günstig ist es, bereits in der ersten Woche über mögliche Rauchalternativen zu sprechen und diese in die Selbstbeobachtung mit aufzunehmen. Die einzelnen Materialien werden im Anhang erläutert.

Es ist wichtig, dass Sie sich klarmachen, in welchen Situationen und warum Sie rauchen. Ich stelle zunächst einige grundsätzliche Fragen und bitte Sie, auch in den nächsten Tagen wiederholt über die Antworten nachzudenken.

Wie haben Sie das Rauchen erlernt? Wie hat sich Ihr Rauchen gesteigert? Haben Sie zunächst nur in bestimmten Situationen geraucht? Welche waren dies? Welche Wirkungen des Rauchens haben Sie verspürt? Haben Sie an die Gefahren des Rauchens gedacht?

Ändern Sie bitte in dieser ersten Woche nichts an Ihrem Rauchverhalten, beobachten Sie nur Ihr Rauchverhalten. Es ist wichtig festzustellen, in welchen Situationen Sie besonders rückfallgefährdet sein könnten.

Wie viele Zigaretten rauchen Sie am Tag?

Führen Sie eine Strichliste, auf der Sie vor dem Anzünden jeder Zigarette einen Vermerk machen. Bewahren Sie diese Strichliste in Ihrer Zigarettenschachtel auf. So gewinnen Sie einen Überblick über die tägliche Rauchmenge, vielleicht rauchen Sie durch diese Kontrolle sogar unbeabsichtigt schon weniger! Es ist wichtig, dass Sie den Strich vor dem Anzünden einer Zigarette machen – damit kommt es in vielen Fällen schon jetzt zu einer Reduktion des Rauchens, der Rauchvorgang wird bewusster und viele der »automatisch« gerauchten Zigaretten entfallen.

Finden Sie Ihre bevorzugten Rauchsituationen heraus. Rauchen Sie eher, wenn Sie alleine oder in Gesellschaft sind?

Lesen Sie sorgfältig den beigefügten Situationsfragebogen, kreuzen Sie Ihre typischen Rauchsituationen an (siehe Material für Stunde 1).

In welchen Situationen rauchen Sie automatisch?

Führen Sie eine Tageskarte an zwei Tagen der Woche. Wählen Sie jeweils einen Wochentag und einen Wochenendtag aus, um möglichst verschiedene Situationen abbilden zu können. Führen Sie ein Protokoll über Ihre Aufenthaltsorte, die Tätigkeiten und die Zahl der dabei gerauchten Zigaretten, auch wenn dies sehr aufwendig sein kann! Überlegen Sie schon jetzt, an welchem Tag ein Aufhörversuch Ihnen am leichtesten fallen könnte.

Bringen Sie den Situationsfragebogen, die Strichliste und Tageskarte zum nächsten Treffen mit!

11. Einführung der Feedback-Runde nach jeder Therapiesitzung

Die Feedback-Runde dient der Überprüfung der Umsetzung von Therapieinhalten. Jeder Teilnehmer soll in ein bis zwei Sätzen sein momentanes Befinden mitteilen oder Befürchtungen, Anregungen und Kritik vorbringen können. Der Nutzen für den Therapeuten liegt darin, auf momentane Bedürfnisse besser eingehen zu können. Eventuell wird auch schon deutlich, welche Therapieinhalte unter Umständen schwer verständlich vorgebracht wurden.

12. Ausblick auf die Inhalte der nächsten Therapiesitzung

Beim Ausblick auf die Inhalte der nächsten Stunde ist wichtig, dem Raucher die Perspektive eines baldigen Ausstiegstermins zu geben. Neben der Schilderung der Inhalte der nächsten Stunden gilt es, insbesondere eine Perspektive bezüglich des Abstinenzziels zu nennen.

> In der nächsten Woche setzen wir den Aufhörtermin fest, Sie beenden dann endgültig Ihre Raucherkarriere. Sie erhalten dann auch eine weitere Beratung zu möglichen medikamentösen Unterstützungen, sofern dies für Sie indiziert scheint.

Material für die 1. Stunde

Die nach der ersten Sitzung auszugebenden Materialien sind Grundlage für die weitere Arbeit in den Folgestunden!

Motivationskarte

Obgleich viele Raucher ähnliche übergeordnete Ziele nennen (Gesundheit, Unabhängigkeit), lassen sich unterschiedlichste persönliche Motive herausarbeiten. Die Übung kann auch als Vorbereitung für die Ausarbeitung der Motivationswaage verwendet werden.

Strichliste

Der Raucher wird angewiesen, für die Dauer einer Woche jede Zigarette durch einen Eintrag auf der Strichliste, die er stets bei sich führen sollte (z. B. eingeschoben in die Zigarettenschachtel), zu dokumentieren. Wichtig ist die Anweisung, die Markierung vor dem Anzünden vorzunehmen. Bei einem solchen Vorgehen ist zu erwarten, dass jeder Rauchvorgang unmittelbar reflektiert wird. Erfahrungsgemäß sinkt in der ersten Zeit allein durch diese Form der Protokollierung die Zahl der täglich konsumierten Zigaretten. Dieser Effekt wird »Reaktivität« genannt.

Situationsfragebogen

Der Situationsfragebogen soll dem Raucher helfen, typische Rauchsituationen zu identifizieren. Er kann als Vorbereitung für die Tageskarte eingesetzt werden oder bevorzugt bei Rauchern eingesetzt werden, denen eine strukturierte Ausarbeitung schlecht möglich ist.

Tageskarte

Die Tageskarte dient der Identifikation individueller Rauchsituationen. Der Raucher soll an mindestens zwei Tagen (einem Werktag und einem Wochenendtag) den Zigarettenkonsum im Verlauf des Tages mit Angaben zu Ort, Zeit, Situation und Anzahl der konsumierten Zigaretten dokumentieren.

Das Ausgeben der Tageskarte kann mit der zusätzlichen Instruktion verbunden werden, besonders kritische Situationen, in denen ein Rückfall möglich sein könnte, zu markieren.

Rauchalternativen

Der Raucher soll explizit Lösungsstrategien für die individuellen kritischen Situationen (siehe Tageskarte) ausarbeiten und in der kommenden Woche vorstellen.

Motivationswaage

Der Raucher soll sich anhand des vorgegebenen Schemas folgende Fragen stellen:

- Warum habe ich mich entschlossen, das Rauchen aufzugeben? (Nachteile des Rauchens)
- Was wären meine Gründe, weiter zu rauchen? (Vorteile des Rauchens)
- Was erwarte ich von der Abstinenz? (Vorteile des Nichtrauchens)
- Welche unangenehmen Folgen der Abstinenz befürchte ich? (Nachteile der Abstinenz)

> **Online verfügbare Materialien**
>
> ✓ Motivationskarte
> ✓ Strichlisten
> ✓ Situationsfragebogen
> ✓ Tageskarten
> ✓ Rauchalternativen (Vorlage zum Ausfüllen)
> ✓ Motivationswaage (Vorlage zum Ausfüllen)

Motivationskarte

Tragen Sie hier Ihre Beweggründe, das Rauchen aufzugeben, in der Reihenfolge Ihrer persönlichen Gewichtung ein.

> **Meine persönlichen Gründe, weshalb ich nicht mehr rauchen will:**
>
> - …
> - …
> - …
> - …
> - …
>
> **Folgende Vorteile erwarte ich durch das Nichtrauchen:**
>
> - …
> - …
> - …
> - …
> - …

Strichlisten

Teil der Selbstbeobachtung ist die genaue Erfassung der Zahl der täglich gerauchten Zigaretten.

Es ist dabei nicht sinnvoll, am Abend eines jeden Tages die in der Schachtel verbleibenden Zigaretten abzuzählen. Wichtig ist es vielmehr, vor dem Anzünden einer Zigarette einen Strich zu machen.

Diese Tabelle kann gerne dazu genutzt werden, ausgeschnitten und in die Zigarettenschachtel eingelegt zu werden.

Woche 1 Tag	Gerauchte Zigaretten	Summe
1		
2		
3		
4		
5		
6		
7		
		Gesamt
		Mittelwert

1. Stunde

Woche 2 Tag	Gerauchte Zigaretten	Summe
1		
2		
3		
4		
5		
6		
7		
	Gesamt	
	Mittelwert	

Situationsfragebogen

Im Folgenden werden häufige Rauchsituationen genannt. Der Situationsfragebogen soll Ihnen helfen, Ihre persönlichen Rauchsituationen zu benennen. Nutzen Sie die Beispiele auch, um die Tageskarten detailliert auszufüllen.

	Die Feststellung trifft zu			
	immer	häufig	selten	nie
Ich rauche zwischen den Gängen einer Mahlzeit.	☐	☐	☐	☐
Ich rauche nach dem Essen.	☐	☐	☐	☐
Ich rauche, wenn ich auf das Essen warte.	☐	☐	☐	☐
Ich rauche den ganzen Tag über gleich viel.	☐	☐	☐	☐
Ich rauche während der Arbeitszeit, unabhängig davon, was ich gerade tue.	☐	☐	☐	☐
Ich rauche bereits kurz nach dem Aufwachen im Bett.	☐	☐	☐	☐
Ich rauche während der Arbeitszeit, wenn ich gerade Lust dazu habe.	☐	☐	☐	☐
Ich rauche noch vor dem Frühstück.	☐	☐	☐	☐
Ich rauche auf dem Weg zur Arbeit.	☐	☐	☐	☐
Ich rauche noch nach dem abendlichen Zähneputzen.	☐	☐	☐	☐
Ich rauche noch direkt vor dem Zubettgehen.	☐	☐	☐	☐
Ich rauche am Abend, wenn ich im Bett liege.	☐	☐	☐	☐
Ich rauche noch eine Zigarette kurz vor dem Einschlafen.	☐	☐	☐	☐

C Therapieeinheiten im Detail

	Die Feststellung trifft zu			
	immer	häufig	selten	nie
Ich rauche mehr als gewöhnlich bei langen Autofahrten.	☐	☐	☐	☐
Ich rauche mehr Zigaretten, wenn ich mich konzentrieren muss.	☐	☐	☐	☐
Ich rauche auch bei kurzen Fahrten im Stadtverkehr.	☐	☐	☐	☐
Ich rauche auf der Straße.	☐	☐	☐	☐
Ich rauche beim Fernsehen.	☐	☐	☐	☐
Ich rauche am Morgen, auf nüchternen Magen.	☐	☐	☐	☐
Ich greife automatisch zur Zigarette, wenn sich jemand eine anzündet.	☐	☐	☐	☐
Ich rauche bei Gesprächen und Besprechungen mehr als gewöhnlich.	☐	☐	☐	☐
Ich rauche bei jeder Gelegenheit, die sich bietet.	☐	☐	☐	☐
Ich kann es nicht erwarten, eine Zigarette anzuzünden, wenn andere noch essen.	☐	☐	☐	☐

War die Liste nicht vollständig? Ergänzen Sie doch Ihre persönlichen Rauchsituationen in den nachfolgenden Zeilen:

_____	☐	☐	☐	☐
_____	☐	☐	☐	☐
_____	☐	☐	☐	☐
_____	☐	☐	☐	☐
_____	☐	☐	☐	☐
_____	☐	☐	☐	☐
_____	☐	☐	☐	☐
_____	☐	☐	☐	☐
_____	☐	☐	☐	☐
_____	☐	☐	☐	☐
_____	☐	☐	☐	☐
_____	☐	☐	☐	☐
_____	☐	☐	☐	☐
_____	☐	☐	☐	☐

Tageskarten

Sie sollen herausfinden, in welchen Situationen Sie rauchen. Bitte greifen Sie einen typischen Wochentag und einen Tag am Wochenende heraus und protokollieren Sie möglichst ausführlich jede Zigarette mit den zugehörigen Begleitumständen, in der Sie diese geraucht haben! Versuchen Sie auch hier, die Eintragungen vor dem Anzünden einer Zigarette vorzunehmen.

Tageskarte I (Wochentag)

Ort	Uhrzeit	Tätigkeit; anwesende Personen, Stimmung (Beispiele)	Zahl der Zigaretten
Küche	6:30	Frühstück allein, müde, Zigarette zum Aufwachen	II
Auto	7:15	Fahrt zur Arbeit, allein, Langeweile	II

Tageskarte II (Wochenende)

Ort	Uhrzeit	Tätigkeit; anwesende Personen, Stimmung (Beispiele)	Zahl der Zigaretten
Küche	9:30	Spätes Frühstück, langes Gespräch mit Partnerin, gemütlich	III
Arbeitszimmer	10:00	Telefonat zur Verabredung am Abend, Vorfreude	I

Rauchalternativen

Sicher fallen Ihnen für viele Situationen, in denen Sie noch rauchen, auch alternative Strategien ein, um die Situation ohne Zigarette bewältigen zu können.

Notieren Sie einige der wichtigsten Situationen und stellen Sie Ihre Alternativen dagegen.

Typische Rauchsituation	Was ist der Zweck/der Vorteil des Rauchens in dieser Situation?	Statt zu rauchen, könnte ich:

Motivationswaage

Motivationswaage

Vorteile des Rauchens	Nachteile des Rauchens
• …	• …
• …	• …
• …	• …
• …	• …
• …	• …

Nachteile der Abstinenz	Vorteile des Abstinenz
• …	• …
• …	• …
• …	• …
• …	• …
• …	• …

2. Stunde

Therapeutische Ziele

1. Positives Feedback
2. Besprechen der Selbstbeobachtung
3. Festlegen des ersten Nichtrauchertags
4. Entwicklung von Rauchalternativen, Veränderung der Umgebung, Aufsuchen einer rauchfreien Umgebung, Beseitigung von Rauchutensilien
5. Soziale Kontrolle: ja oder nein?
6. Einsatz kognitiver Strategien
7. Versuchungssituationen beobachten, protokollieren und mögliche Rauchalternativen diskutieren, Entzugssymptome überwinden
8. Einsatz sportlichen Ausgleichs, um die körperliche Fitness zu steigern
9. Individuelle Empfehlungen und Anleitung zur Anwendung einer medikamentösen Unterstützung
10. Feedback-Runde

Therapeutische Bausteine

1. Begrüßung und positives Feedback

In einer Eingangsrunde erhalten die Teilnehmer des Kurses Gelegenheit, kurz zum Verlauf der letzten Woche und insbesondere zum Erfolg der Selbstbeobachtung Stellung zu beziehen. Der Therapeut hat hier die wichtige Aufgabe, die Kooperation der Teilnehmer bei der Durchführung der Selbstbeobachtung zu verstärken und nochmals auf die Wichtigkeit einer sorgfältigen Analyse der rückfallgefährlichen Situationen hinzuweisen. Manche werden zu diesem Zeitpunkt ihren Tabakkonsum bereits reduziert haben – dies ist ein Erfolg, der Anerkennung verdient, allerdings nur einen Zwischenschritt auf dem Weg zur Abstinenz darstellt.

Nach der Eingangsrunde, gerne aber auch schon zuvor, beim Eintreffen der Teilnehmer, erhalten diese – wie auch regelmäßig zu Beginn der folgenden Therapiestunden – die Gelegenheit, die Kohlenmonoxid (CO-)Konzentration in der Ausatemluft zu bestimmen und in das Gruppendiagramm, das in der ersten Kurswoche angelegt wurde, mit ihrer speziellen Farbe oder ihrem speziellen Merkmal einzutragen. Die CO-Bestimmung hat weniger einen kontrollierenden Zweck, als vielmehr die Aufgabe, die Teilnehmer in ihrem Abstinenzerfolg zu bestärken. Auch schon in der ersten Woche ist aufgrund der vermehrten Bewusstmachung und Kontrolle des Rauchverhaltens durch die regelmäßige Selbstbeobachtung und Protokollierung des Tageszigarettenkonsums mit einer Reduktion des Ausgangswertes zu rechnen. Diesen Prozess nennt man Reaktivität – der Effekt spielt vorübergehend, aber nicht über viele Wochen, eine Rolle als Belohnungsmechanismus für die Veränderungsbereitschaft.

Die Reduktion des CO-Wertes kann als positives Feedback, das unmittelbar über die Besserung der körperlichen Befindlichkeit Aufschluss gibt, therapeutisch nutzbringend eingesetzt werden.

Die Erfahrung zeigt, dass viele Teilnehmer die Gelegenheit zur Messung der CO-Konzentration der Ausatemluft gerne wahrnehmen.

2. Besprechung der Selbstbeobachtung (Strichliste, Tageskarte und Situationsfragebogen)

Die Besprechung der »Hausaufgaben« ist der wichtigste Anknüpfungspunkt für den Beginn dieser Therapiestunde.

Am Anfang der Besprechung der Selbstbeobachtungsaufgabe steht die Auswertung der Strichliste. Hier kann nochmals transparent auf das Phänomen der Reaktivität eingegangen werden, dass durch eine Aufmerksamkeitslenkung auch das Problemverhalten und insbesondere die Protokollierung des Problemverhaltens vor Ausübung der Tätigkeit zu einer Reduktion der Auftretenshäufigkeit führt.

Typische Fragen zur Exploration von Details könnten sein:

- In welchen Situationen rauchen Sie besonders viel/wenig?
- Gibt es Situationen, in denen Sie ohne weiteres oder nur ganz schwer auf das Rauchen verzichten könnten? Wann genau wird das Rauchverlangen besonders stark?
- Wann erleben Sie das Rauchen als unangenehm?
- Gibt es eine hierarchische Ordnung von Situationen, in denen Sie auf das Rauchen verzichten könnten?

Wichtig ist hierbei weniger die Besprechung der Reduktionserfolge als vielmehr die Vorbereitung der Abstinenz durch die Besprechung möglicher Strategien, um schwierigen und damit abstinenzgefährdenden Situationen begegnen zu können.

Hier ist weniger die Kreativität des Therapeuten als dessen Moderatorenfunktion gefragt. Die »Erfahrungsexperten«, d. h. die anderen Teilnehmer des Kurses, sind aufgefordert, eigene Ideen und Erfahrungen einzubringen, wenn es um die Ausarbeitung von Verhaltensalternativen geht.

An einem Flipchart lassen sich exemplarisch einige schwierige Situationen und mögliche Problemlösungsstrategien skizzieren (▶ Tab. 1).

Tab. 1: Problemlösung: Ersatz der Funktion einer Zigarette

Was ist mein Problem? Problemsituation	Bisherige Lösung Bisherige Funktion des Rauchens	Was kann ich tun? Mögliche Alternativen	Wie gut hat es funktioniert? Hilfreich oder nicht?
Stress mit Kollegen	Entspannung	Gespräch mit …	Ging so…
Stress mit Kollegen	Entspannung	Kurze Auszeit im Garten	Sehr gut
Hungerattacke	Appetitreduktion	Heißgetränk	Gut
…			
…			
…			

3. Festlegen des ersten Nichtrauchertages (möglichst in schriftlicher Form, siehe Material für die 2. Stunde)

Nach der erfolgreichen Besprechung möglicher Bewältigungsstrategien für riskante Situationen, die sich an der Funktion der Zigarette in dieser Situation orientieren, soll – nachdem ausdrücklich darauf hingewiesen wurde, dass rückfallgefährliche Situationen sich erst im Verlauf der nächsten Wochen in noch größerem Umfang einstellen werden – die Aufforderung erfolgen, nach der nunmehr erfolgreich durchlaufenen Selbstbeobachtungsphase den ersten Nichtrauchertag festzulegen. Die Auswahl sollte auf einen Tag fallen, der leichter zu bewältigen ist als die anderen.

Hierzu bieten sich stressfreie Zeiten an. Häufig ist dies ein Tag am Wochenende; allerdings nur, wenn hier nicht zu viele Freizeitaktivitäten mit dem Tabakkonsum gekoppelt sind.

Der Tag sollte vor den anderen Therapieteilnehmern benannt, begründet und schriftlich fixiert werden.

Der Gruppenleiter sammelt entweder alle Termine ein oder aber vermerkt die Termine auf dem Flipchart, damit sie auch in der nächsten Stunde wieder in der Gruppe besprochen werden können. Den Teilnehmern muss deutlich werden, dass es unerlässlich ist, die in der Vereinbarung fixierten Abstinenztage auch unbedingt einzuhalten.

Die Intervention darf jedoch keinen zu großen Druck aufbauen, um die Reaktanz nicht zu groß werden zu lassen. Die Entscheidung für die Abstinenz und für einen konkreten Tag trifft der Teilnehmer, nicht der Therapeut!

Zusätzliche Verhaltenstipps beziehen sich auf die Beseitigung aller Rauchutensilien und die Vermeidung von typischen Rauchsituationen.

Die Teilnehmer werden aufgefordert, den ersten Nichtrauchertag nicht aus Angst vor einem Versagen geheim zu halten, sondern ihn vielmehr möglichst vielen Personen aus dem Freundes- oder Familienkreis mitzuteilen.

»Wer heimlich aufhört, fängt auch heimlich wieder an.«

Bei dieser Gelegenheit bietet es sich an, die aufkommende Ambivalenz nochmals zu thematisieren. Der entscheidende Schritt ist gewollt, fällt aber vielen dennoch schwer – verbunden ist damit eine einschneidende Veränderung in der Alltagsgestaltung, im Freizeitverhalten und in den Möglichkeiten zur Selbstbelohnung, Stressreduktion oder Entspannung.

Instruktion für die Teilnehmer:

Nennen Sie aufgrund Ihrer bisherigen Aufzeichnungen einen Tag, der Ihnen besonders geeignet scheint, mit dem Rauchen aufzuhören.

Setzen Sie sich möglichst bald einen Rauchstopp-Termin, um Erfahrungen, die Sie in der ersten Zeit des Nichtrauchens machen, hier noch besprechen zu können!

Einen idealen Aufhörtermin gibt es nicht. Fällt es Ihnen am Wochenende oder an einem Werktag leichter?

Es kann hilfreich sein, den Entschluss, Nichtraucher zu werden, im Bekannten- und Familienkreis publik zu machen!

4. Veränderung der Umgebung, Aufsuchen einer rauchfreien Umgebung, Beseitigung von Rauchutensilien, Entwicklung von Rauchalternativen

Verhaltenstherapeutische Selbstmodifikationsprogramme zielen aus nachfolgend genannten Gründen im Wesentlichen auf eine Stimuluskontrolle.

Zweckmäßig sind zwei Verfahren der Stimuluskontrolle:

1. **Stimulusbeseitigung**: Abbau der Vorratshaltung, Entfernung oder Vernichtung von Zigaretten, Aschenbechern, Feuerzeugen und anderen rauchtypischen »Schlüsselreizen«.
2. **Verhaltenserschwerung:** Es werden zusätzliche Hindernisse aufgebaut, um das Problemverhalten (Rauchen) zu erschweren (ein Beispiel: vor einem möglichen Rückfall, vor einem Anzünden einer Zigarette, muss eine fremde Person um Feuer gebeten werden. Oder: die Zigarette soll zunächst »kalt geraucht« werden).

Das Rauchen bzw. das Rauchverlangen wird u. a. durch Hinweisreize ausgelöst und unterhalten. Typische externe Hinweisreize (sog. »Cues«) für den Raucher sind Rauchutensilien (Aschenbecher, Zigarettenschachtel, Feuerzeug, aber auch Cues aus der Werbung) oder komplexe Situationen, die als Auslöser gelten (Streit, Besprechung, Klingeln des Telefons, Pause) sowie interne Cues im Sinne typischer Befindlichkeiten (Stressempfinden, depressive Stimmung, Langeweile).

Die Kontrolle der diskriminativen Stimuli bzw. Cues soll die Verhaltensänderung durch Beseitigung bzw. Reduktion von verhaltensauslösenden Reizen erleichtern.

Die Voraussetzung zur Beseitigung oder zumindest Reduktion der Hinweisreize und zur Abschwächung der Reizfunktion ist die erfolgreich durchlaufene Selbstbeobachtungsphase, die sowohl dem Raucher als auch dem Therapeuten Kenntnisse über die möglichen rückfallgefährlichen Situationen und Reizkonstellationen vermittelt.

Der Raucher soll angewiesen werden, zumindest am Anfang Situationen zu vermeiden, die für ihn mit dem Rauchen verknüpft sind.

Raucher-Cues sollten nach Möglichkeit aus dem Umfeld des Patienten entfernt werden (z. B. Zigarettenschachtel, Aschenbecher, Feuerzeug). Restbestände an Zigaretten, Streichhölzern oder anderen Rauchutensilien sollten vernichtet werden. Auch die Beseitigung von Tabakgeruch durch das Waschen von Gardinen oder die Reinigung der Kleidung ist ein klares Signal und in der Konsequenz auch positiv im Sinne eines guten Lebensgefühls.

Die Arbeitspausen sollten fern von Rauchern abgehalten werden, die abendliche Freizeitgestaltung sollte nicht in Umgebungen ausgeübt werden, die mit Versuchungen zum Rauchen verbunden sind. Insbesondere für den Abend gilt: »die besten Vorsätze sind alkohollöslich« – der Alkoholkonsum zur abendlichen Entspannung ist häufig mit dem Zigarettenkonsum gekoppelt und schwächt zugleich die Einhaltung der guten Vorsätze!

Durch die Stimuluskontrolle kommt ein Prozess der Löschung in Gang.

Das Rauchen wird durch den Verzicht auf die früheren Rauchsituationen nicht mehr durch geselliges Beisammensein belohnt, das Zigarettenrauchen wird nicht mehr mit Genuss verbunden sein.

Instruktion für die Teilnehmer:

Das Rauchverlangen entsteht häufig durch die mehr oder weniger bewusste Wahrnehmung von Gegenständen, Situationen oder allgemeinen Signalen, die mit dem Rauchen verbunden sind. Viele von Ihnen kennen die Erfahrung, beim Anblick einer Schachtel Zigaretten oder einer Zigarette in der Hand eines anderen unbewusst ebenfalls zur eigenen Zigarettenschachtel zu greifen, um eine

Zigarette anzustecken. Diese so genannten »Hinweisreize« haben Sie vielleicht im Rahmen Ihrer Selbstbeobachtung schon identifizieren können.

Um die Rückfallgefahr möglichst gering zu halten, ist es sinnvoll, viele dieser Hinweisreize aus der näheren Umgebung zu entfernen. Ohne eine Erinnerung an das Rauchen fällt es nicht so schwer, die Abstinenz aufrechtzuerhalten. Beseitigen Sie also alle Rauchutensilien, Aschenbecher, Feuerzeuge etc. – entsorgen Sie diese, Sie benötigen sie nicht mehr! Waschen Sie Ihre Kleidung, befreien Sie die Gardinen vom Geruch nach abgestandenem Rauch!

Doch nicht nur einzelne Gegenstände, sondern auch komplexe Situationen und die Stimmung, in der man sich befindet, können zum Rauchen animieren. Versuchen Sie, wenn es nicht möglich ist, Situationen zu vermeiden, in denen ein Rückfallrisiko besteht, die Situation so zu verändern, dass sie zum einen angenehm gestaltet ist, zum anderen möglichst wenig an das Zigarettenrauchen erinnert.

Versuchen Sie in nächster Zeit auch, abends die Gesellschaft von Leuten zu vermeiden, die stark rauchen.

Schränken Sie Ihren Alkoholkonsum ein – unter Alkoholeinfluss lösen sich viele gute Vorsätze auf!

Im Fall eines aufkommenden Rauchverlangens sollten alternative Möglichkeiten zur Stressreduktion, Entspannung, aber auch zur Selbstbelohnung bzw. Bedürfnisbefriedigung vorbereitet werden. Die Diskussion hierzu kann wiederum exemplarisch an Erfahrungen einzelner Gruppenmitglieder in der Gruppe geführt werden.

Geben Sie daher alte Gewohnheiten auf – suchen Sie sich vorübergehend andere Freizeitbeschäftigungen, vermeiden Sie Situationen, in denen die Gefahr für einen Rückfall groß ist. Wenn der Kaffee am Morgen Rauchverlangen erzeugt, trinken Sie stattdessen Tee zum Frühstück oder verändern Sie die Umgebung, in der Sie den Kaffee genießen.

5. Soziale Kontrolle: ja oder nein?

Um die Gefahr zu reduzieren, von anderen zum Tabakkonsum aufgefordert zu werden, ist es hilfreich, den Abstinenzwunsch öffentlich zu machen! Die Furcht vieler Raucher, damit nur Missfallen zu ernten, erweist sich meist als eine unbegründete Sorge – im Gegenteil, viele entwöhnungswillige Raucher erfahren reichlich Unterstützung durch andere, meist ambivalente, aber noch nicht handlungsbereite Raucher.

6. Einsatz kognitiver Strategien

Die kognitive Vorbereitung der Abstinenz erfolgt über eine Motivationsförderung und Änderung der inneren Haltung zum Tabakkonsum. Anhand der initialen Motivation, den Tabakkonsum aufzugeben, kann jeder Teilnehmer der Gruppenbehandlung einen persönlichen Leitsatz ausarbeiten, der seine Motivation kurz und prägnant zusammenfasst.

Der Raucher soll angewiesen werden, Möglichkeiten zu finden, den Satz vor allem in den identifizierten rückfallkritischen Situationen einzusetzen.

Der Motivationssatz sollte möglichst mit häufigen, alltäglichen und zugleich positiv besetzten Tätigkeiten verbunden werden. Die wiederholte Wahrnehmung dieser gewünschten Kognitionen erhöht die Wahrscheinlichkeit, auch in rückfallgefährlichen Situationen die Inhalte dieses Satzes abrufen zu können.

Die häufige Erinnerung dieses Leitsatzes soll zu einer Stärkung der Motivation führen.

Formulieren Sie einen Motivationssatz, der am besten kurz und positiv gehalten ist, z. B. »Ich will gut riechen und körperlich fit sein«, »Ich will frei sein« (siehe Material für die 2. Stunde).

7. Versuchungssituationen beobachten, protokollieren und mögliche Rauchalternativen diskutieren

In den ersten beiden Wochen nach Beginn der Abstinenz werden viele Raucher immer wieder neue Situationen entdecken, die mit einem Rauchverlangen verbunden sind. Manche dieser Situationen wurden zuvor gar nicht als rückfallgefährliche Situationen wahrgenommen. Jede dieser neuen Situationen sollte protokolliert werden – wenn möglich mit einer kurzen Beschreibung der auslösenden Situation, aber auch der spontan eingesetzten Lösungsstrategie (siehe Material für die 2. Therapiestunde).

Instruktion für die Teilnehmer:
Setzen Sie sich mit Versuchungssituationen auseinander. Stellen Sie fest, wie groß Ihr Rauchverlangen in bestimmten Situationen ist.
Welche automatischen Gedanken drängen sich Ihnen dabei auf?
Wie können Sie sich in Gedanken unterstützen/ablenken/loben für Ihren Erfolg? Welche persönlichen Lösungsstrategien können Sie für jede einzelne Situation benennen?
Notieren Sie insbesondere auch Ihre Erfolge und rufen Sie sich immer wieder Ihren Erfolg ins Gedächtnis! Mit jedem einzelnen Erfolg ist Ihre Leistung auf dem Weg zum Nichtraucherdasein mehr wert!

Zu den häufigen Entzugssymptomen gehören:

- Gereizte, niedergeschlagene Stimmung
- Müdigkeit, Abgespanntheit
- Konzentrationsprobleme
- Rauchverlangen
- Schlafstörungen
- Hungerattacken

Entzugssymptome sind vorübergehend und verschwinden in der Regel nach einigen Tagen oder wenigen Wochen. Dennoch stellen sie eine Gefahr für die Aufrechterhaltung der Abstinenz dar. Neben den nachfolgend beschriebenen Möglichkeiten einer medikamentösen Unterstützung sind auch einige Verhaltenstipps hilfreich bei der Bewältigung der am häufigsten auftretenden Entzugssymptome. Die Teilnehmenden können dazu eine Ideensammlung (Arbeitsblatt »Umgang mit Entzugssymptomen«) ausgehändigt bekommen.

8. Einsatz sportlichen Ausgleichs, um die körperliche Fitness zu steigern

Der Einsatz der körperlichen Aktivität ist in mehrfacher Hinsicht hilfreich:
Der im Rahmen der Tabakabstinenz häufig auftretenden Gewichtszunahme, die sich nicht nur durch den gesteigerten Appetit, sondern auch durch den reduzierten Grundumsatz der abstinenten Raucher erklärt, wird entgegengewirkt. Zugleich steigen die körperliche Ausdauer und Leistungsfähigkeit – der Raucher spürt die positiven Veränderungen der Abstinenz rascher und deutlicher. Die mit der regelmäßigen Betätigung ansteigende Fitness kann auch der Abstinenz zugeschrieben werden und unterstützt auf diese Weise die Abstinenzmotivation!

> **Instruktion für die Teilnehmer:**
> Beginnen Sie mit Sport, achten Sie bewusst auf Ihre wachsende körperliche Fitness. Sollten Sie bisher jemand gewesen sein, der auf sportliche Aktivitäten wenig Wert gelegt hat, überlegen Sie einfach, ob Sie häufiger spazieren gehen können. Die körperliche Bewegung tut Ihrem Körper gut, Sie nehmen gleichzeitig die ersten positiven Konsequenzen des Nichtrauchens wahr, freuen sich über die steigende körperliche Fitness und tun außerdem etwas gegen die drohende Gefahr der Gewichtszunahme!

9. Weitergehende Empfehlungen und Anleitung zur Anwendung der medikamentösen Unterstützung

In der Leitlinie zur Behandlung der Tabakabhängigkeit wird empfohlen, Medikamente zur Unterstützung des Abstinenzvorhabens einzusetzen.
Die medikamentöse Behandlung zielt auf eine Unterdrückung der Entzugssymptomatik, des Rauchverlangens und der Gewichtszunahme.
Die physischen Entzugserscheinungen nach beginnender Tabakabstinenz sind u. a. durch den relativen Nikotinmangel an den zentralen nikotinergen Azetylcholinrezeptoren bedingt. Diese Entzugserscheinungen lassen sich durch eine medikamentöse Unterstützung wirkungsvoll unterdrücken.
In Deutschland sind folgende Nikotinersatzprodukte zur Tabakentwöhnung zugelassen und rezeptfrei in der Apotheke erhältlich:

- *Nikotinkaugummi* zu 2 und 4 mg
- *Nikotinpflaster* in drei Stärken, äquivalent zum Tageszigarettenkonsum von etwa 10, 20 und 30 Zigaretten als Darreichungsformen über die Zeit von 16 oder 24 Stunden
- *Nikotinlutschtablette*
- *Nikotin-Inhaler*
- *Nikotin-Mundspray*
- In Deutschland waren und sind nicht mehr im Handel:
  – *Nikotin-Sublingualtablette* (in Deutschland nicht im Handel, kann über die Internationale Apotheke bezogen werden)
  – *Nikotinnasalspray* (in Deutschland seit Januar 2003 nicht mehr im Handel, kann über die Internationale Apotheke bezogen werden)

Mit der Nikotinsubstitution wird das Ziel verfolgt, dem Körper für eine gewisse Zeit in ausschleichender Dosierung Nikotin zu verabreichen, um währenddessen mit Hilfe der psychotherapeutischen Behandlung die Abstinenzmotivation zu festigen und die Bewältigungsressourcen im Umgang mit rückfallgefährlichen Situationen zu erhöhen. Der Abstinenzerfolg, aber auch die Auseinandersetzung mit der körperlichen und psychischen Abhängigkeit, ist während der ersten Wochen nach Beginn der Abstinenz bei Auftreten von Entzugssymptomen erheblich gefährdet. Aus diesem Grunde kann mit der Nikotinsubstitution, d. h. einer adaptierten Gabe von Nikotin, das in den empfohlenen Dosierungen für den Raucher unschädlich und frei von all den anderen Schadstoffen aus der Zigarette ist, der Erfolg erhöht werden.

Alle Formen der im Handel befindlichen *Nikotinsubstitutionspräparate* sind mittlerweile in ihrer Effektivität und in ihrem Nebenwirkungsprofil gut untersucht. Die Wirksamkeit ist gut gesichert. Die Anwendung steigert (je nach Präparat) den Erfolg einer Behandlung – im Vergleich mit einem Placebopräparat ohne aktiven Wirkstoff – um den Faktor 1,4–2,1.

Die höchste Effektivität wurde für das Nikotinnasalspray nachgewiesen, die sichersten Belege für die Wirksamkeit ergeben sich für Nikotinpflaster und Nikotinkaugummi. Bei diesen beiden Darreichungsformen ist die Datenlage besonders umfangreich. Auf der Basis zahlreicher Studien und Metaanalysen kommt die Behandlungsleitlinie zu dem Ergebnis, dass ein Zweifel an der Wirksamkeit der Nikotinersatztherapie nicht besteht und die Behandlung bei guten Daten für die Sicherheit angeboten werden soll.

Aufklärung über Wirkweise, Unverträglichkeiten, Nebenwirkungen und Risiken der Nikotinersatztherapie

Mit Ausnahme der sehr leichten Raucher können alle Raucher durch eine medikamentöse Hilfe unterstützt werden.

Nach Möglichkeit sollte aus suchttherapeutischer Überlegung das Nikotinpflaster bevorzugt werden, es geht mit weniger Compliance-Problemen einher und verlangt weniger therapeutische Instruktionen. Allerdings sollten die Wünsche des Patienten, vorangegangene Erfahrungen mit der Anwendung des Nikotinpflasters sowie Kontraindikationen, z.B. hautlokale Reaktionen auf Pflaster, Anlass sein, Alternativen wie das Nikotinkaugummi, Nikotinmundspray oder die Nikotintablette einzusetzen. Die Nebenwirkungen sind in der Regel gut tolerierbar: Hautrötungen um das Pflaster durch die nikotinbedingte Reizung, Kratzen im Hals, leichtes Brennen der Mundschleimhaut bei den oralen Anwendungsformen. Wenn Nikotin aus Kaugummi, Tabletten oder dem Spray verschluckt wird (es soll über die Mundschleimhaut resorbiert werden), kann es zu Schluckauf und zu Magenbeschwerden kommen.

Weitere Kontraindikationen für die Nikotinersatztherapie ergeben sich bei Patienten, die ein unmittelbares und nennenswertes Risiko für einen akuten Herzinfarkt mit sich tragen; aber auch direkt nach einem Herzinfarkt sowie bei einer instabilen Angina pectoris liegen absolute Kontraindikationen vor. Eine Schwangerschaft stellt eine relative Kontraindikation dar. In diesem Fall sollte die Nikotinersatztherapie verwendet werden, wenn alternative, nicht-medikamentöse Therapieansätze nicht erfolgreich waren.

Weitere zur Behandlung des Entzugssyndroms zugelassene medikamentöse Unterstützungen:
Achtung: Die nachfolgenden Präparate sind alle rezeptpflichtig!

- Bupropion SR (Zyban®) 150 mg Tabletten (in Deutschland seit 2001 im Handel)
Bupropion ist eine zur Tabakentwöhnung zugelassene Medikation, die kein Nikotin enthält. Bupropion, ein Antidepressivum, das chemisch mit Amphetamin verwandt ist, hat eine andere Wirkgrundlage als die Nikotinsubstitution: über eine zerebrale Inhibition der Noradrenalin- und Dopaminwiederaufnahme werden Wirkungsqualitäten des Nikotins aus der Zigarette »imitiert«. Bupropion führt zu einer deutlichen Reduktion des Rauchverlangens und der Entzugssymptomatik. Problematisch bei der Anwendung von Bupropion sind Nebenwirkungen in Form von Schlafstörungen, Zittern, aber auch schwerwiegende Nebenwirkungen in Form von epileptischen Anfällen, die insbesondere bei Personen mit entsprechenden Risikofaktoren häufig auftreten. Zu diesem Personenkreis gehören Raucher mit epileptischen Anfällen in der Anamnese, Raucher mit Diabetes, Essstörungen, zerebralen Leiden oder einer Alkohol- oder Drogenabhängigkeit. Bei diesen Personengruppen sollte Bupropion nicht eingesetzt werden.

Bupropion ist sowohl in den USA als auch in Europa als Mittel erster Wahl in der Behandlung von Rauchern zugelassen. Aufgrund des Nebenwirkungsprofils und der Kontraindikation sollte die Indikationsstellung durch den behandelnden Arzt erfolgen.

Bezüglich der Nebenwirkungen ist Bupropion in seiner Wertigkeit dem Nikotinersatz durch Pflaster, Kaugummi oder Tablette nachgeordnet. Wenn ein Raucher jedoch unter der Nikotinersatztherapie nicht abstinent werden konnte, ist Bupropion eine mögliche, wirkungsvolle Alternative.

Im Gegensatz zur Behandlung mit Nikotinersatz verlangt Bupropion nicht eine ausschleichende Dosierung oder einen definierten Zeitraum. Vorgesehen ist die Gabe von Bupropion in einer niedrigen Dosierung von 150 mg am Morgen für die Dauer einer Woche, während derer noch weiter geraucht werden darf. Zugleich stellt der Raucher fest, dass die Wirkung des Nikotins aus der Zigarette nicht mehr so stark ist und das Verlangen zu Rauchen nachlässt. Von der zweiten Woche an – für die Dauer von weiteren sieben Wochen – soll Bupropion in einer Dosierung von 300 mg pro Tag (zweite Dosis am Nachmittag) verwendet werden. Nach einer Behandlungszeit von insgesamt acht Wochen kann bzw. soll die Medikation ohne Ausschleichen abgesetzt werden.

- Cytisin
Cytisin ist ein Alkaloid aus dem Goldregen, das wie Nikotin am nikotinergen Acetylcholinrezeptor bindet. Wird Cytisin eingenommen, sind die Entzugssymptome nicht mehr so intensiv. Zugleich soll Nikotin aus einer Zigarette während der Anwendung von Cytisin keine spürbare positive Wirkung am gleichen Rezeptor mehr entfalten können. Cytisin wirkt wie Nikotin als Agonist am Rezeptor und zugleich wie ein Antagonist, weil es die Wirkung von Nikotin verhindert (Cytisin wird daher als partieller Antagonist bezeichnet).
Cytisin wurde schon vor vielen Jahren in osteuropäischen Ländern unter dem Handelsnamen Tabex® zur Tabakentwöhnung eingesetzt, wurde aber erst im Dezember 2020 in Deutschland für diese Indikation zugelassen. Die Einnahme kann gastrointestinale Beschwerden hervorrufen.
Cytisin wird in Tabletten mit 1,5 mg Wirkstoffgehalt angeboten. Am ersten Tag wird die maximale Dosis mit 6 Tabletten angegeben. Bis zum 25. Tag wird die Dosis mit einem festgelegten Schema kontinuierlich reduziert. In den S3-Leitlinien, die im Januar 2021 publiziert wurden, erhält Cytisin zwar nur eine abgeschwächte Empfehlung (»kann angeboten werden«), ist also weniger stark empfohlen wie die anderen Medikamente (diese »sollen« angeboten werden), die Daten zur Effektivität sind aber vergleichbar mit den Wirksamkeitsnachweisen für Vareniclin (s. u.). Die abgeschwächte Empfehlung resultierte aus der Tatsache, dass Cytisin erst nach der Fertigstellung der Leitlinie zugelassen wurde.
- Vareniclin
Vareniclin wirkt wie Cytisin am nikotinergen Acetylcholinrezeptor als partieller Agonist bzw. Antagonist. Anders als bei Cytisin folgt die Behandlung einem anderen Prinzip: Vareniclin wird mit zunächst zweimal 0,5 mg/Tag begonnen und im Verlauf der ersten Woche, während der noch geraucht werden darf, aufdosiert. Erst danach kann bzw. soll das Rauchen beendet werden. Die Medikation soll zunächst über bis zu 11 Wochen eingesetzt werden und kann bei guter Wirksamkeit auch weitere 12 Wochen fortgesetzt verschrieben werden. Nebenwirkungen wie Schwindel und Übelkeit kann mit einer Dosisreduktion begegnet werden.
Die Wirksamkeitsdaten für Vareniclin und Cytisin sind besser als für die Nikotinersatztherapie oder Bupropion.
Die Verträglichkeit aller Therapieformen ist bei bestimmungsgemäßer Anwendung gut, die Gefahr der Entstehung einer Abhängigkeit scheint bei Vareniclin, Cytisin, Bupropion und Nikotinpflaster und Kaugummi sehr gering zu sein. Aufgrund der etwas rascheren Anflutung besteht ein kleines Risiko für die Verlagerung der Abhängigkeit bei Anwendung von Nikotinkaugummis, -tabletten -mundspray oder Inhaler. Die Zahl derer, die auf diese Produkte umsteigen, ist allerdings sehr gering. Zudem gilt der Grundsatz: die Nikotinaufnahme aus

einem Produkt wie einem Kaugummi ist – im Vergleich zum Risiko des fortgesetzten Rauchens – zu vernachlässigen!

Weitere Produkte

An dieser Stelle sei nochmals betont, dass moderne Alternativen zur Zigarette, die E-Zigaretten oder Tabakerhitzer, in den S3-Leitlinien in der Auflage von 2021 *nicht* zur Tabakentwöhnung empfohlen werden. Vereinzelt wurden Studien zur Tabakentwöhnung mit Hilfe von E-Zigaretten durchgeführt – dabei ist zu beobachten, dass E-Zigaretten oft langfristig als Ersatz für die Tabakzigarette weitergenutzt werden. Angesichts des gesundheitlichen Restrisikos ist dies nicht zu empfehlen!

Individualisierte Empfehlungen

Jeder Teilnehmer sollte eine individuelle Empfehlung zur Verwendung von Nikotinersatzmitteln bzw. Bupropion (Zyban®), Vareniclin (Champix®) oder Cytisin (Asmoken®) erhalten.

(Im Anhang finden Sie Patienteninformationen zur Anwendung von Nikotinersatzmitteln und den verschiedenen Medikamenten.)

Die Therapieinstruktionen zum Gebrauch der Begleitmedikation richten sich nach den Empfehlungen des Herstellers

Differentielle Indikation nach Produkten:

- *Nikotinkaugummi oder Nikotinlutschtablette:* geringe bis mittelstarke Nikotinabhängigkeit (FTND < 5), bei mäßigem Tageszigarettenkonsum (ca. 5–15 Zigaretten/Tag), Konsum in ungleichmäßigen Abständen oder bei einem Konfliktrauchen in belastenden Situationen. Alternativen zur Pflasterbehandlung bei einer Pflasterallergie.
- *Nikotinpflaster:* mittelstarke bis starke Nikotinabhängigkeit, Raucher mit einem relativ hohen und gleichmäßigen Tageszigarettenkonsum (10–40 Zigaretten/Tag).
- *Nikotinmundspray:* stark abhängige Raucher (FTND > 6, Tageszigarettenkonsum > 30 Zigaretten/Tag).
- *Nikotininhaler:* wir sind nicht überzeugt vom therapeutischen Nutzen des Inhalers, da bei der Anwendung Rituale des Rauchens nachempfunden werden. Das Produkt könnte allenfalls bei einzelnen Personen, die davon eine Ablenkung vom Rauchimpuls verspüren, begründet eingesetzt werden.
- *Kombinationsbehandlungen:* Nikotinpflaster und Nikotinkaugummi bzw. Nikotinpflaster und Nikotinmundspray sind zu empfehlen bei einer starken Tabakabhängigkeit (> 6 Punkte im FTND) und hohem Tageszigarettenkonsum (> 30 Zigaretten/Tag). Entzugserscheinungen sollen durch die kontinuierlichen Wirkspiegel, die durch das Nikotinpflaster aufgebaut werden, verhindert werden, Versuchungssituationen und starkes Rauchverlangen können durch die intensi-

vere Nikotinsubstitution durch Nasalmundspray oder Kaugummi aufgefangen werden.
- *Bupropion:* Bei Fehlen von Kontraindikationen (s. Produktinformation) kann bei einem erklärten Wunsch des Rauchers nach dieser Medikation oder aber bei Versagen einer Nikotinersatztherapie als Medikation erster Wahl alternativ Bupropion empfohlen und eingesetzt werden. Zu beachten ist, dass die Indikationsstellung durch den Arzt erfolgen sollte, das Medikament ist rezeptpflichtig. Angesichts der Eignung von Bupropion als Antidepressivum ist zu prüfen, ob bei Rauchern mit einer Neigung zu depressiven Episoden in der Vergangenheit Bupropion besonders gut geeignet sein könnte. Die aktuellen Daten sprechen jedoch nicht für eine besondere Wirksamkeit bei Rauchenden, die aktuell depressiv sind.
- Eine Kombination aus Bupropion und Nikotinersatz hat sich laut Literatur als die erfolgreichere Therapievariante erwiesen. Aufgrund einer Summation der Nebenwirkungen, gastrointestinalen Problemen, Schlafstörungen, Kopfschmerzen und Schwindel, sollte jedoch nur bei bekannten starken Entzugserscheinungen, die den Abstinenzerfolg gefährden, auf diese Behandlungsmöglichkeit zurückgegriffen werden.
- Vareniclin/Cytisin: die beiden Produkte mit vergleichbarem Wirkprofil scheinen vor allem bei stärkeren Rauchern (FTND > 5) mit einer körperlichen Entzugssymptomatik von besonderem Nutzen zu sein.

10. Feedback-Runde

Wie nach jeder Therapiestunde werden die Teilnehmer in einer Feedback-Runde zu den aufkommenden Hoffnungen, Befürchtungen und Unsicherheiten befragt.

Die Perspektive soll nach dieser Stunde sehr hoffnungsvoll sein, die Raucher stehen vor einer einschneidenden, aber wichtigen und gewünschten Veränderung in ihrem Leben. Ihnen sei viel Glück und Erfolg gewünscht!

Material für die 2. Stunde

Problemlösung: Ersatz der Funktion einer Zigarette

Die in der Gruppe erarbeiteten Strategien können auf dem Arbeitsblatt mit persönlichen Problemsituationen ergänzt und als Hausaufgabe weiterbearbeitet werden.

Bekanntgabe des ersten Nichtrauchertages

Der Teilnehmer sollte möglichst in der Gruppe schon auf dem vorbereiteten Formular das Datum des ersten Nichtrauchertages dokumentieren. Dies kann vom Therapeuten eingesammelt oder aber auf dem Flipchart notiert werden.

Der persönliche Motivationssatz

Die ausführliche Erarbeitung persönlicher Motive zum Beginn und zur Unterstützung der Abstinenz kann genutzt werden, um einen »persönlichen Motivationssatz« für jeden einzelnen Raucher zu formulieren. Dies kann – zumindest beispielhaft für einige wenige Gruppenteilnehmer – unter therapeutischer Anleitung oder aber in kurzer Eigenarbeit oder Kleingruppenarbeit innerhalb der Gruppenstunde erfolgen.

Meine einfachen Rauchalternativen

Wiederum ausgehend von den Vorarbeiten im Rahmen der Selbstbeobachtung sollen die Teilnehmer nun für die bekannten Auslöser und Funktionen, die mit dem Rauchen einer Zigarette verbunden waren, persönliche Alternativen und Lösungsstrategien formulieren.

Umgang mit Entzugssymptomen

Auch eine medikamentöse Unterstützung kann nicht jedes Entzugssymptom ersetzen.

Kursteilnehmende, die keine Medikation in Anspruch nehmen wollen, benötigen ebenfalls Unterstützung bei der Bewältigung von Entzugssymptomen. Die Arbeitsblätter »Umgang mit Entzugssymptomen I und II« (aus Torchalla et al. 2013) sollen Empfehlungen zur Bewältigung dieser Entzugssymptome anbieten.

> **Materialien, die online verfügbar sind**
>
> ✓ Problemlösung: Ersatz der Funktion einer Zigarette
> ✓ Mein erster Nichtrauchertag
> ✓ Mein persönlicher Motivationssatz (Vorlage zum Ausfüllen)
> ✓ Meine einfachen Rauchalternativen (*)
> ✓ Umgang mit Entzugssymptomen I
> ✓ Umgang mit Entzugssymptomen II

C Therapieeinheiten im Detail

Mein erster Nichtrauchertag ist am:

_____

Ich will von nun an Ex-Raucher/in sein!

Mein persönlicher Motivationssatz

_____

_____

_____

_____

Meine einfachen Rauchalternativen

Ich frage mich:
    Warum war die Zigarette in der Situation so wichtig?
Was könnte diese Funktion ersetzen?

	RAUCHALTERNATIVEN	
Auslöser für die Zigarette (Ort, Tätigkeit, Begleitperson, Stimmung)	Funktion dieser Zigarette	Meine persönliche Alternative zur Zigarette

Umgang mit Entzugssymptomen I

Denken Sie daran: Entzugssymptome sind vorübergehend und verschwinden in der Regel nach einigen Tagen oder wenigen Wochen!

Die folgenden Tipps können Sie bei der Bewältigung von Entzugssymptomen unterstützen.

Gereizte niedergeschlagene Stimmung

- Erklären Sie anderen, dass Sie gerade mit Rauchen aufgehört haben und daher reizbarer sind als sonst. Bitten Sie um Verständnis und bieten Sie einen späteren Ausgleich an.
- Versuchen Sie Konflikten und Ärger aus dem Weg zu gehen und verschieben Sie Konfliktlösungen, bis es Ihnen wieder besser geht.
- Toben Sie sich aus, z. B. beim Sport. Bewegen Sie sich viel.
- Atmen Sie mehrfach tief ein und aus. Sprechen Sie sich Mut zu, z. B.: Der Entzug dauert nicht mehr lange. Ich schaffe das schon!
- Trinken Sie einen Tee oder nehmen Sie ein entspannendes Bad. Machen Sie Kurzentspannungen so häufig, wie Sie früher geraucht haben.
- Tun Sie sich etwas Gutes, lassen Sie sich verwöhnen und belohnen Sie sich häufig für Ihr Durchhaltevermögen.
- Denken Sie an die positiven Seiten des Nichtrauchens. Beobachten Sie fröhliche Menschen, die nicht rauchen, und machen Sie sich bewusst, wie wohl sie sich ohne Zigarette fühlen.
- Denken Sie an ein positives Lebensziel, z. B. Ihren nächsten Urlaub. Wenn Ihnen langweilig ist, widmen Sie sich der Ausarbeitung Ihrer Pläne.

Müdigkeit, niedriger Blutdruck, Abgespanntheit

- Schlafen Sie viel, gehen Sie früh ins Bett.
- Machen Sie regelmäßig kleine Pausen, Mittagsschlaf usw.
- Achten Sie auf ein ausgewogenes Verhältnis zwischen Bewegung und Entspannung.
- Sorgen Sie für viel frische Luft.
- Trinken Sie viel, nehmen Sie leichte Kost zu sich.

Umgang mit Entzugssymptomen II

Konzentrationsprobleme:

- Laden Sie sich in der nächsten Zeit nicht zu anstrengende geistige Arbeit auf.
- Beschäftigen Sie sich nicht zu lange mit derselben Aufgabe, sondern wechseln Sie öfter.
- Verlegen Sie wichtige Arbeiten auf Zeiten, in denen Sie Ihr »Tageshoch« haben.
- Machen Sie regelmäßig kleine Pausen und versuchen Sie dabei abzuschalten, z. B. durch einen Spaziergang oder eine Atemübung am offenen Fenster.
- Reduzieren Sie Ihre Anforderungen für eine begrenzte Zeit.

Rauchverlangen

- Denken Sie daran: das Rauchverlangen wird in ein paar Minuten wieder vergehen.
- Wenden Sie den Gedankenstopp an.
- Suchen Sie nach hilfreichen Vorstellungsbildern.
- Suchen Sie eine rauchfreie Umgebung auf.
- Machen Sie für jede Zigarette, die Sie früher in dieser Situation geraucht hätten, einen 10-minütigen Spaziergang.
- Lenken Sie sich ab. Üben Sie dabei Tätigkeiten aus, die das Rauchen erschweren (Sport, Gartenarbeit usw.).
- Rufen Sie Ihren Abstinenzhelfer oder Coach an.
- Nehmen Sie ein Nikotinersatzprodukt.
- Beschäftigen Sie Ihre Hände, nehmen Sie einige tiefe Atemzüge.

Andere körperliche Beschwerden

- Einige Symptome (z. B. Husten) sind Anzeichen dafür, dass der Körper sich von den Auswirkungen des Tabaks erholt.
- Bei Verdauungsproblemen: Essen Sie ballaststoffreiche Kost und trinken Sie viel. Sorgen Sie für regelmäßige Bewegung. Verwenden Sie Hausmittel wie Leinsamen, Weizenkleie oder ein Glas warmes Wasser nach dem Aufstehen.
- Schlafstörungen: Bewegen Sie sich viel. Vermeiden Sie Kaffee, trinken Sie ein Glas warme Milch zur Schlafenszeit. Wenn Sie nicht schlafen können, stehen Sie auf und notieren Sie, was Ihnen durch den Kopf geht.
- Verspannungen: Schwimmen, Sauna oder Dehnübungen helfen Ihnen sich zu lockern. Lassen Sie sich öfter massieren.

3. Stunde

Therapeutische Ziele

1. Begrüßung, Abstinenzkontrolle und positive Rückmeldung
2. Besprechen der Abstinenzerfolge
3. Bei Scheitern des Abstinenzvorhabens: Festlegen eines weiteren Nichtrauchertages
4. Einführung operanter Verstärker
5. Abschluss von Vereinbarungen
6. Einbeziehung eines Kurshelfers
7. Adaptation der medikamentösen Unterstützung, Besprechen von Nebenwirkungen, unter Umständen von fehlerhaften Anwendungsstrategien
8. Aufbau einer gesunden, wenig belastenden, kalorienarmen Ernährung
9. Feedback-Runde

Therapeutische Bausteine

1. Begrüßung, Abstinenzkontrolle und positive Rückmeldung

Zu Beginn der dritten Behandlungseinheit nimmt der Bericht der Teilnehmer über die Erfolge in der vergangenen Woche einen breiten Raum ein.

Jeder Teilnehmer sollte Gelegenheit bekommen, zum geplanten Abstinenztag, den ersten Schwierigkeiten und den ersten Erfolgen ausführlich Stellung zu beziehen.

Der Therapeut übernimmt hier vorrangig die Aufgabe zu verstärken, ohne in jedem einzelnen individuellen Fall direkt in die therapeutische Arbeit einzusteigen, wenn erste Schwierigkeiten berichtet werden.

Nach Möglichkeit sollte versucht werden, die Diskussion in jedem einzelnen Fall nicht ausufern zu lassen. Zu empfehlen ist, dass sich jeder Teilnehmer auf seine eigene Schilderung beschränkt.

Auch in dieser Woche erhalten die Teilnehmer wie schon in den Wochen zuvor die Gelegenheit, die Kohlenmonoxidkonzentration der Ausatemluft zu bestimmen. Erstmals sollten diese, vorausgesetzt der größte Teil der Gruppenmitglieder hat die Abstinenz bewältigt, deutlich abgesunken sein. In der grafischen Darstellung der CO-Konzentration (oder aber der Zahl der Zigaretten, die pro Tag konsumiert wurden), zeichnet sich jetzt im Diagramm eine signifikante Reduktion ab. Auch jetzt kommt der CO-Bestimmung weniger die Aufgabe der Abstinenzkontrolle als der Verstärkung des Abstinenzerfolges der Teilnehmer zu.

Der Eintrag der aktuell konsumierten Zahl der Zigaretten pro Tag oder aber des CO-Wertes in das Gruppendiagramm erhöht zugleich das Gefühl der Gruppenzusammengehörigkeit, verstärkt die erfolgreich Abstinenten und spornt die anderen Teilnehmer in der Gruppe an, den Abstinenztag alsbald umzusetzen.

Vom Therapeuten wird eine ausführliche Würdigung des Erfolges, der sich daraus ableiten lässt, erwartet.

2. Besprechen des Erfolges/Misserfolges

In einer zweiten Runde sollte jeder teilnehmende Raucher den Abstinenzerfolg aus der vergangenen Woche ausführlich darlegen. Erfolgreiche Raucher sollten zuerst berichten dürfen, nicht erfolgreiche, noch rauchende Teilnehmer sollten ihre Schwierigkeiten schildern. Deren Teilerfolge sollten vom Therapeuten verstärkt werden.

3. Bei Scheitern des Abstinenzvorhabens: Festlegen eines weiteren Nichtrauchertages

Bei Scheitern des Abstinenzvorhabens ist zunächst das Angebot auszusprechen, gemeinsam einen neuen Nichtrauchertag festzulegen.

In Einzelfällen – bei Teilnehmern mit großen Schwierigkeiten, einen ersten Nichtrauchertag durchzuhalten (beispielsweise bei Patienten mit psychischen Störungen/Problemen) – kann es sinnvoll sein, den alternativen Weg der sukzessiven Konsumreduktion mit dem Ziel der Abstinenz zu erwägen.

Können Sie es sich vorstellen, gleich nächste Woche einen weiteren Versuch zu machen, das Rauchen zu beenden? Benennen Sie doch einfach jetzt einen zweiten Abstinenztag.

Alternativ:
Wenn Ihnen eine Abstinenz nicht gelungen ist, versuchen Sie eine Reduktion der täglichen Zigarettenzahl durch Selbstkontrollregeln: Erstellen Sie eine Liste von Situationen, in denen Sie in den nächsten Tagen nicht mehr rauchen wollen. Nehmen Sie sich in den nächsten Tagen immer zwei bis drei neue Situationen vor. Einige Beispiele:

- Ich lehne alle angebotenen Zigaretten ab
- Ich rauche nicht mehr während der Arbeitszeit
- Ich rauche nicht mehr im Restaurant/Auto
- Ich kaufe immer nur eine Schachtel Zigaretten
- Ich warte fünf Minuten, ehe ich mir die gewünschte Zigarette anzünde
- Ich nehme kein Feuerzeug/keine Streichholzer mit
- Ich rauche die Zigaretten nur zur Hälfte

Nehmen Sie sich in einigen Tagen einen erneuten »ersten Nichtrauchertag« vor. Auch das Ziel des Reduktionsprogramms ist die Abstinenz. Behalten Sie dieses Ziel stets im Auge, lassen Sie sich nicht verführen, frühzeitig den Abstinenzwunsch zugunsten eines reduzierten Rauchens aufzugeben. Dieser Erfolg wäre trügerisch, die Wahrscheinlichkeit, innerhalb kürzester Zeit wieder beim alten Konsum anzulangen, ist extrem hoch!

4. Einführung operanter Verstärker, Abschluss von Vereinbarungen, Funktion von Belohnungen als Motivationsverstärker erklären

Angesichts des Verzichtes, den der Raucher zu leisten hat, kommt dem Einsatz von Belohnungen ein großer Stellenwert zu.

Die operante Verstärkung ist aus zwei Gründen wichtig: Zum einen wird der Raucher für jeden Abstinenzerfolg, den er verbuchen kann, beispielsweise für jeden zigarettenfreien Tag, positiv verstärkt – d. h. belohnt.

Zum anderen hat für viele Raucher die Zigarette selbst eine belohnende Funktion gehabt. Anstelle der Zigarette können nun andere positive Verstärkungen in den Alltag eingebaut werden. Es wird damit vermittelt, dass der Verzicht auf die Zigarette nicht einen Verzicht auf Lebensqualität, sondern vielmehr einen Gewinn von Lebensqualität darstellt.

In der Verhaltenstherapie werden auch Möglichkeiten der Bestrafung eingesetzt, um unerwünschtes Verhalten abzubauen. Auch der Raucher kann negative Konsequenzen im Fall einer Abstinenzverletzung oder eines Nichterreichens des Abstinenzziels nutzen, um die Motivation zur Abstinenzwerdung auf diese Weise zu verstärken.

Methoden der operanten Verstärkung (hier in Form der Selbstverstärkung und Selbstbestrafung) sollen helfen, unerwünschtes Verhalten abzubauen oder neues, erwünschtes Verhalten aufzubauen. Voraussetzung ist zunächst die Identifikation geeigneter Verstärker, aber auch eventueller Bestrafungen durch die Exploration in der Gruppe.

Die *positive Verstärkung* bezeichnet den Einsatz einer materiellen oder immateriellen Belohnung.

Direkte Bestrafungen bezeichnen unangenehme Verluste oder Tätigkeiten, die als »Strafe« ausgeübt werden.

Bei der *indirekten Bestrafung* wird bei einem Rückfall eine in Aussicht gestellte Belohnung aufgeschoben, ausgesetzt oder vernichtet: z. B. ein Geldschein zurückgehalten, zerrissen, verbrannt oder einer ungeliebten politischen Partei gespendet. Cave: negative Konsequenzen dürfen keinen exkulpierenden Charakter erhalten – eine Geldspende an die Deutsche Krebshilfe (www.krebshilfe.de) könnte »das Gewissen nach einem Rückfall erleichtern«.

Positive Verstärker und aversive Konsequenzen sind nur sinnvoll, wenn sie konsequent eingesetzt werden!

Bei der Ausarbeitung von möglichen Belohnungen oder Bestrafungen ist es immens wichtig, den Teilnehmern selbst die Gelegenheit zu geben, ihre individuellen Verstärker zu entdecken. Es macht keinen Sinn, aus therapeutischer Sicht geeignete Verstärker zu benennen. Die Teilnehmer erfahren hierbei mehr über die Freizeitgewohnheiten und Verstärkung des Therapeuten als über eigene potenzielle Lösungsstrategien!

Belohnen Sie sich! Auch kleine Erfolge müssen belohnt werden.

Die Belohnung soll Sie für die Mühen, die Sie im Kampf mit der Versuchung durchlebten, wieder zur Zigarette zu greifen, entschädigen.

Auch mit einer kleinen Belohnung symbolisieren und anerkennen Sie den Erfolg, den Sie errungen haben. Sie erhöhen außerdem Ihre Motivation dabei zu bleiben. Machen Sie den anfänglichen Erfolg sichtbar, indem Sie den täglich gesparten Betrag separat aufheben.

Gönnen Sie sich etwas für Ihren Erfolg – was wollten Sie schon lange einmal unternehmen/anschaffen/ …?
Was ist Ihnen die Aufrechterhaltung Ihrer Abstinenz wert?
Planen Sie langfristige Belohnungen! Legen Sie eine »Belohnungskarte« an, auf der Sie mögliche Belohnungen notieren (siehe Materialien zur 3. Stunde).

5. Abschluss von Vereinbarungen

Soziale Kontrakte in Form von Vereinbarungen, Verträgen oder Wetten sollen kurzfristig erreichbare und realistische Ziele fixieren. Neben dem Endziel der anhaltenden Abstinenz werden auch Teilziele genannt, deren Erfüllung ebenfalls verstärkt werden sollte.

Für das Erreichen des definierten Endzieles, aber auch für die Erfüllung von Teilzielen werden positive, individuelle Verstärker/Belohnungen eingesetzt. Die Vereinbarung von aversiv erlebten Konsequenzen (z. B. Geldspende an eine Organisation, mit deren Zielen man sich nicht identifizieren kann, freiwillige Strafarbeiten, z. B. Putzen) für das Scheitern des Abstinenzvorhabens sollte ebenfalls aufgenommen werden. Wie bei der operanten Verstärkung ist auch hier wichtig, dass die Belohnungen und Bestrafungen unmittelbar nach Erreichen bzw. Misslingen des Zieles erfolgen.

Wichtig sind folgende Punkte in jeder Vereinbarung: Vereinbarungsziel (Tabakabstinenz), die Konsequenzen bei Erreichen des Zieles (Reise), von Teilzielen (z. B. Kinogutschein, Reiseliteratur, – ausrüstung) sowie bei Nichterreichen des Zieles (Verlust eines hinterlegten Geldbetrages, Fensterputzen beim Nachbarn). Der Vertragspartner (Bekannter, Freund, Partner oder Therapeut) ist namentlich zu nennen. Der Zeitraum, in welchem das Ziel erreicht werden soll (innerhalb einer Woche), wird festgehalten (siehe Material für Woche 2).

Um den Abstinenzerfolg auch mittelfristig zu stabilisieren, können Sie eine Vereinbarung treffen (oder eine Wette eingehen bzw. einen Vertrag abschließen).
In einem solchen Vertrag verpflichten Sie sich, Ihre selbst gesteckten Ziele einzuhalten. Sie sehen Belohnungen für den Fall vor, dass Sie das Ziel einhalten oder gar übertreffen, Sie halten aber auch fest, dass Sie im Fall eines Misslingens eine unangenehme Tätigkeit/Pflicht auf sich nehmen. Dieses Vorgehen erhöht erfahrungsgemäß die Wahrscheinlichkeit, den Abstinenzwunsch konsequent umzusetzen.

6. Einbeziehung eines Kurshelfers (Freund, Partner oder Therapeut)

Ein offizieller Partner, ein »Kurshelfer«, soll das Vorhaben als »neutraler Wächter« begleiten, die Abstinenz einfordern, Belohnungen vermitteln, Erfolge verstärken und im Fall eines Rückfalls motivierend zur Seite stehen (siehe Material für Woche 3).

Vielen Teilnehmern fällt es schwer, eine dritte Person in das eigene Abstinenzvorhaben einzubeziehen. Entweder spielen hierbei Scham, Angst vor Versagen oder aber das Autonomiebedürfnis eine wichtige Rolle. Es gilt zu verdeutlichen, dass mit dem Einsatz eines Kurshelfers die Abstinenzaussichten wesentlich höher sind. Erfahrungen zeigen, dass Teilnehmer, die motiviert wurden, einen Kurshelfer einzubeziehen, wesentlich höhere Abstinenzquoten erzielen.

Als Kurshelfer ist jede Person geeignet, die in irgendeiner Weise mit dem Teilnehmer bzw. Raucher verbunden ist. Dies sollten nach Möglichkeit Freunde sein, Partner kommen weniger in Betracht, da sie oft emotional verstrickt sind, zu viele eigene Interessen mit der Abstinenz oder Nichtabstinenz verbinden und deswegen unbewusst auf den Abstinenzerfolg einwirken könnten. Auch der Therapeut stellt eine letzte Alternative dar, sollte sich sonst kein Kurshelfer, d.h. keine Person aus dem nahestehenden Personenkreis, finden, der als Kurshelfer geeignet wäre. Hierbei sollte aber darauf geachtet werden, dass nicht dem Kurshelfer (dem Therapeuten) Vorteile aus dem Versagen des Abstinenzplanes erwachsen.

Oft stellt die Einbeziehung Dritter eine wertvolle Unterstützung dar. Kennen Sie jemanden, dem Sie vertrauen und der die Funktion eines Rauchentwöhnungshelfers übernehmen könnte? Er sollte nichts anderes tun, als Sie in Ihrem Abstinenzvorhaben zu unterstützen und zu kontrollieren. Schließen Sie eine schriftliche Vereinbarung (s.o.) mit ihm über das Erreichen Ihres Abstinenzziels ab. Lassen Sie sich belohnen, wenn Sie Ihr Ziel erreicht haben, verpflichten Sie sich, für Sie unangenehme Dinge zu erledigen, wenn Sie dem Ziel nicht nachkommen konnten (z.B. Fensterputzen, Autowaschen, Einkäufe für eine Woche übernehmen …).

7. Adaptation der medikamentösen Unterstützung, Besprechen von Nebenwirkungen, unter Umständen von fehlerhaften Anwendungsstrategien

Nach dem Einsatz der Nikotinsubstitution oder der Medikation mit Bupropion, Cytisin oder Vareniclin in der vergangenen Woche können entweder Nebenwirkungen aufgrund einer leichten Überdosierung oder eine mangelnde Wirksamkeit beklagt werden. Es ist jedoch eher damit zu rechnen, dass die Nikotinersatztherapie unterdosiert wurde. Viele Erscheinungen, die von den Teilnehmern berichtet werden, sind eher als Entzugssymptome zu werten und weniger als Intoxikationserscheinungen des Nikotinpflasters, Kaugummis oder Mundsprays zu interpretieren. Dennoch ist es gelegentlich vonnöten, eine Adaptation der Dosis durchzuführen, die Teilnehmer bei dem Umgang mit Nikotinersatz zu beraten oder ein Nebenwirkungsmanagement zu diskutieren.

Es ist darauf zu achten, dass Nikotinpflaster tagtäglich gewechselt werden und verschiedene Hautstellen beklebt werden.

Nikotinkaugummis sollen nicht als Genussmittel verwendet, sondern als Medikament eingesetzt werden. Der Nikotinkaugummi sollte nur so lange gekaut werden, solange ein Nikotincraving besteht, danach sollte dieser »in der Backentasche geparkt« werden.

Bei der Nikotintablette ist darauf zu achten, dass diese nicht zu rasch und zu heftig gelutscht wird.

Das Nikotinmundspray ist in der Anwendung eventuell etwas unangenehm, die Teilnehmer sollten motiviert werden, die ersten Tage durchzustehen, da anschließend bei guter Wirkung keine wesentlichen Nebenwirkungen zu erwarten sind.

8. Aufbau einer gesunden, wenig belastenden, kalorienarmen Ernährung

Ein wesentlicher Rückfallgrund ist eine starke Gewichtszunahme von Teilnehmern. Als Ursache dafür ist sowohl eine Mehraufnahme an Kalorien als auch ein veränderter Stoffwechsel zu diskutieren. Raucher verbrauchen aufgrund eines erhöhten Grundumsatzes im Durchschnitt etwa 100 bis 200 Kalorien mehr als Nichtraucher. Beim Wegfallen der täglichen Zigaretten kommt es zu einer Verwertung dieser 200 Kalorien, die letztlich in eine Gewichtszunahme mündet.

Die Gewichtszunahme kann nicht immer aufgehalten, jedoch begrenzt werden. Hilfsmittel dabei sind zum einen die medikamentöse Unterstützung der Tabakabstinenz durch Nikotinersatztherapeutika oder Bupropion, zum anderen auch die Umstellung in den Ernährungsgewohnheiten. Viele Kalorien, die tagtäglich aufgenommen werden, sind als versteckte, verzichtbare Kalorien zu bezeichnen.

Kalorienhaltige Getränke, Süßwaren oder andere hochkalorische Nahrungsmittel können im Prinzip leicht aus dem Ernährungsplan gestrichen werden.

Mit beiliegender Information erhalten die Teilnehmer zumindest einige Informationen zum Umgang mit kalorienhaltigen Nahrungsmitteln. Die Information kann ausgeteilt werden. Es bietet sich an, den Teilnehmern aufzutragen, die Ernährungsinformationen daheim zu studieren und bei der nächsten Gruppenstunde Unklarheiten zu diskutieren (siehe Material 3. Stunde).

> Ein Teil der zu befürchtenden Gewichtszunahme ist auf eine Mehraufnahme an Kalorien zurückzuführen! Achten Sie auf leichte Ernährung. Versuchen Sie insbesondere auf Süßigkeiten zu verzichten. Sie erhalten heute eine Reihe von Ernährungstipps, die Sie sich daheim in Ruhe ansehen sollten.

9. Feedback-Runde

Im Rahmen dieser Woche war es extrem wichtig, den Abstinenzerfolg zu betonen, den Teilnehmern die Möglichkeit zu geben, Schwierigkeiten erneut zu benennen, wenn die Abstinenz nicht durchgehalten werden konnte, einen neuen Entwöhnungstermin zu bestimmen und erste rezidivprophylaktisch wirksame Elemente in die Behandlung einzubauen. Hierzu gehören nicht nur die operante Verstärkung, sondern auch die soziale Unterstützung in Form eines Kurshelfers oder eines sozialen Kontaktes mit einer nahestehenden Person und letztlich die Umstellung der Ernährungsgewohnheiten.

Die Teilnehmer haben einen ersten wichtigen Schritt gemacht, der Erfolg liegt zum Greifen nahe, erhöhte Wachsamkeit ist auch für die nächste Woche noch angesagt!

Material für die 3. Stunde

Belohnungskarte

Der Teilnehmer soll angewiesen werden, aus der Fülle der selbsterarbeiteten Belohnungen die wichtigsten Belohnungen, die auch realistisch umgesetzt werden können, auf der Belohnungskarte zu notieren, diese mit sich zu tragen, an einem gut sichtbaren Ort aufzustellen oder aber tagtäglich anzuschauen, um die wichtigen positiven Konsequenzen des Nichtrauchens, die Selbstbelohnungen, auch tatsächlich umzusetzen.

Verstärkerliste

Für den Fall, dass Raucher nicht in der Lage sein sollten, adäquate Belohnungen zu finden, könnten wie in der Depressionsbehandlung Verstärkerlisten ausgegeben werden, die beispielhaft zahlreiche verschiedene Situationen benennen, die vom einzelnen Raucher unter Umständen als akzeptables und positives Verhalten gewertet werden können. Die Verstärkerliste kann in der Gruppenstunde verteilt oder aber als Möglichkeit zur Erarbeitung von Verstärkern als Hausaufgabe mitgegeben werden.

Verpflichtende Vereinbarung

Die Teilnehmer sollten motiviert werden, eine Vereinbarung, eine Wette oder einen Vertrag mit einem Kurshelfer oder einer anderen befreundeten, nahestehenden, wenn nicht anders möglich auch mit einer neutralen Person abzuschließen. Inhalt der Vereinbarung sollten sowohl die positiven Konsequenzen des Erfolges als auch die negativen Konsequenzen im Fall eines Nichterfolges, Bedingungen der Umwandlung der antizipierten Erfolge in reale Erfolge sowie die Einlösung der negativen Konsequenzen sein.

Belohnungskarte

Bitte knicken Sie die Belohnungskarte an der markierten Trennlinie ab!

Stellen Sie die Karte an einem Ort in Ihrer Wohnung auf, wo Sie Ihnen öfters ins Auge fällt (z. B. auf dem Schreibtisch).

Belohnungskarte

Wenn ich ein wichtiges Ziel auf dem Weg zur Abstinenz erreicht habe (z. B. Vereinbarung eingehalten, der erste erfolgreiche Tag als Nichtraucher, eine Woche ohne Zigarette, eine besonders schwierige, gemeisterte Situation), werde ich mich folgendermaßen belohnen:

Meine Belohnungen
1.
2.
3.
4.
5.
6.
7.
8.
9.
10.

Informationen für den Kurshelfer

Das Informationsblatt für den Kurshelfer kann dem Kurshelfer überlassen werden. Ein Kurshelfer ist eine Person, die den Raucher in seinem Abstinenzwunsch konsequent unterstützt. Dies sollten nach Möglichkeit nicht zu nahestehende Personen sein, die sich im Rahmen der Unterstützung zu sehr verstricken würden und in zu hohem Maße emotional beteiligt sind.

Informationen zur gesunden Ernährung

Das Informationsblatt über Ernährungsumstellung oder Empfehlungen zur Gestaltung der Ernährung kann ebenfalls herausgetrennt und dem Raucher mitgegeben werden. Wichtig ist, früh auf eine Kalorienreduzierung hinzuarbeiten, da der Raucher andernfalls im Rahmen des Entwöhnungsprozesses durchaus 4 kg Gewicht oder mehr zunehmen kann. Damit wäre die Abstinenz erheblich gefährdet.

> **Materialien, die online verfügbar sind:**
>
> ✓ Belohnungskarte
> ✓ Verstärkerliste
> ✓ Verpflichtende Vereinbarung, das Rauchen aufzugeben
> ✓ Informationsblatt für den Kurshelfer
> ✓ Tipps zur Ernährung

Verstärkerliste

Bitte markieren Sie in dieser Liste alle Aktivitäten, die Sie früher gerne durchgeführt und die Ihnen früher Freude bereitet haben. Die Liste ist sicher nicht vollständig.

1	O	Sich ausgiebig körperlich pflegen und hübsch machen
2	O	Sport treiben
3	O	Sich etwas Schönes kaufen
4	O	Singen oder Musizieren
5	O	Kulturelle Veranstaltungen besuchen
6	O	Gesellschafts- oder Computerspiele spielen
7	O	Ausgehen (z. B. Restaurant, Café)
8	O	Lesen (z. B. Zeitung, Illustrierte, Romane)
9	O	Ein Hobby pflegen
10	O	Ausgewählte Filme im Kino oder Fernsehen ansehen

3. Stunde

11	O	Jemandem seine Wünsche oder Bedürfnisse mitteilen
12	O	Kochen oder Backen
13	O	Gemütlich ein Glas Wein trinken
14	O	Bei einem Vorhaben eine eigene Vorstellung gegenüber anderen Meinungen durchsetzen
15	O	Gleich nach dem Erwachen aufstehen
16	O	Einen Stadtbummel machen
17	O	Eine übertriebene Forderung oder Bitte abschlagen (Nein sagen)
18	O	Briefe schreiben
19	O	Jemanden loben, ein Kompliment machen
20	O	Jemanden aufsuchen (z. B. anrufen, vorbeigehen, sich verabreden)
21	O	Mit jemandem eine Arbeit gemeinsam machen
22	O	Tanzen
23	O	Jemandem sagen, dass man sich ärgert
24	O	Baden oder Duschen
25	O	Spazierengehen oder Wandern
26	O	Naturerlebnis: frische Luft atmen, schöne Landschaft betrachten
27	O	Musik hören
28	O	Sich gut kleiden
29	O	Sich künstlerisch betätigen (Zeichnen, Fotografieren)
30	O	Eine Sache klipp und klar sagen
31	O	Sich politisch betätigen
32	O	An technischen Dingen arbeiten (Fahrrad, Hausgeräte etc.)
33	O	Positive Zukunftspläne schmieden
34	O	Kartenspielen
35	O	Holz- oder Schreinerarbeiten ausführen
36	O	Romane, Erzählungen, Theaterstücke oder Gedichte lesen
37	O	Sich mit Tieren beschäftigen
38	O	Erkundigungsgänge machen (von gewohnten Straßen abweichen, unbekannte Gegenden erforschen usw.)
39	O	In einem Chor singen
40	O	Eine Fremdsprache lernen
41	O	Zu einer kirchlichen Veranstaltung gehen (Vorträge, Basare)
42	O	Ein Musikinstrument spielen

43	O	Mein Haar kämmen oder bürsten
44	O	Billard spielen
45	O	Schach oder Dame spielen
46	O	Mit künstlerischen Materialien arbeiten (Ton, Leder, Perlen)
47	O	»Make-up« auftragen
48	O	Etwas entwerfen oder zeichnen
49	O	Tiere beobachten
50	O	Gartenarbeiten verrichten
51	O	Fachliteratur oder ein Sachbuch lesen
52	O	In der Sonne sitzen
53	O	Geschenke machen
54	O	Massiert werden
55	O	Besuch von Freunden bekommen
56	O	Sich im Freien aufhalten (Park, Picknick etc.)
57	O	Basket- oder Volleyball spielen
58	O	Jemandem helfen
59	O	In der Stadt herumbummeln
60	O	Ein Museum oder eine Ausstellung besuchen
61	O	Über Leute nachdenken, die man mag
62	O	An einem Treffen oder einer Familienfeier teilnehmen
63	O	ausgiebige Körperpflege
64	O	Eine Blume oder Pflanze sehen oder riechen
65	O	Parfüm benutzen
66	O	Jemanden massieren/sich massieren lassen
67	O	Tischtennis spielen
68	O	Zeitung lesen
69	O	Stricken, häkeln, sticken oder nähen
70	O	Vögel beobachten
71	O	Leute beobachten
72	O	Gegenstände reparieren
73	O	Sich um Zimmerpflanzen kümmern
74	O	Mit Freunden Kaffee oder Tee trinken
75	O	Einen Gottesdienst besuchen

76 O Abends lange aufbleiben
77 O Fotos anschauen
78 O _____
79 O _____
80 O _____
81 O _____
82 O _____
83 O _____
84 O _____
85 O _____
86 O _____
87 O _____
88 O _____
89 O _____

Verpflichtende Vereinbarung, das Rauchen aufzugeben

Hiermit treffe ich: _____
mit Herrn/Frau: _____
folgende Vereinbarung.
Ich verpflichte mich,
ab _____ nicht mehr zu rauchen!
Oder: Weiterhin nicht mehr zu rauchen!
Ich hinterlege den Betrag von Euro _____, den ich
am _____ zurückerhalte, wenn ich bis zum _____
abstinent bleibe.
Gelingt mir dies nicht, fällt dieser Betrag an: _____
oder:
Ich hinterlege einen Gutschein über die folgende Dienstleistung:
_____
Wenn ich die Vereinbarung einhalte, erhalte ich den Gutschein zurück. Falls ich die Vereinbarung verletze, erbringe ich am _____
um _____ Uhr
die festgelegte Dienstleistung:
Wenn ich mein Ziel erreicht habe, werde ich mich folgendermaßen belohnen:
_____

Ort: _____ Datum: _____
Kurshelfer: _____ Vertragspartner: _____

Informationsblatt für den Kurshelfer

Sie sind von einem Raucher, der sich das Rauchen abgewöhnen will, als möglicher »Kurshelfer« angesprochen worden. Um Ihnen die Entscheidung zu erleichtern, ob Sie diese Rolle als »Entwöhnungshelfer« annehmen wollen, hier einige Informationen über Ihre Aufgaben als Kurshelfer:

Der Kurshelfer hilft dem Raucher, der sich das Rauchen in einem Rauchentwöhnungskurs abgewöhnen will. Sie haben als Kurshelfer die Aufgabe, dem Raucher bei der Einhaltung seiner Abstinenz zu helfen.

Lassen Sie sich zunächst vom Raucher das Entwöhnungsprogramm genau erläutern. Sie sollten sich mindestens einmal in der Woche mit dem Raucher treffen können. Der aufhörwillige Raucher soll mit Ihnen bei diesen wöchentlichen Treffen eine Vereinbarung über die Einhaltung der Abstinenz schließen. Ein Treffen von 10 bis 20 Minuten ist ausreichend, um die Vereinbarungsmodalitäten zu klären. In Ausnahmefällen kann die Vereinbarung auch einmal mündlich per Telefon getroffen werden. Ihr Vereinbarungspartner hinterlegt bei Ihnen bei jeder neuen Vereinbarung (Lassen Sie sich das vorbereitete Vereinbarungsformular zeigen!) einen bestimmten Geldbetrag gegen Quittung oder gibt Ihnen einen »Gutschein«, auf dem eine »Dienstleistung« vermerkt ist, die er für Sie oder andere Personen erbringen muss, falls er seine Vereinbarung nicht einhält.

Die Dienstleistung sollte mit dem Vereinbarungspartner so abgesprochen werden, dass sie für den Raucher unangenehm ist und möglichst umgehend erledigt werden kann. Die Dienstleistung soll auf dem Vereinbarungsformular vermerkt werden.

Wenn der (Ex-)Raucher die Abstinenz einhält, erstatten Sie den hinterlegten Geldbetrag zurück und vernichten die Quittung bzw. zerreißen den Gutschein, auf dem die Dienstleistung vermerkt ist.

Falls Ihr Vereinbarungspartner sein Ziel nicht erreicht hat, ist es Ihre Aufgabe, die Vereinbarung unverzüglich und konsequent einzufordern. Im Falle eines hinterlegten Geldbetrages kann auch der zunächst verlorene Geldbetrag zusammen mit einem neuen Betrag hinterlegt werden. Dies erhöht den Anreiz für den Raucher, bei einem erneuten Versuch die nächste Vereinbarung genau einzuhalten. Geben Sie auf keinen Fall den Geldbetrag zurück, wenn der Raucher seine Ziele nicht erreicht hat. Wenn es Ihnen unangenehm ist, den Geldbetrag zu behalten, können Sie mit dem Raucher übereinkommen, den Betrag bei Nichteinhaltung der Vereinbarung auf das Konto einer Institution zu überweisen, gegenüber der der Raucher negativ eingestellt ist.

Es ist nicht Ihre Aufgabe, Ihren Vereinbarungspartner zu kontrollieren. Vertrauen Sie seinen Angaben. Er ist für sich selbst verantwortlich. Nörgeln und schimpfen Sie nicht, falls Ihr Vertragspartner sein Ziel nicht erreicht hat, sondern unterstützen Sie den aufhörwilligen Raucher auf seinem schwierigen Weg durch ermunternden Zuspruch.

Es mag Ihnen zunächst etwas seltsam anmuten, eine derartige Vereinbarung zu schließen. Viele Studien haben jedoch gezeigt, dass vertraglich fixierte Entwöhnungszielsetzungen ein effektives Mittel sind, den Raucher mehr an seine Vorsätze zu binden.

Falls Sie zusätzlich zu den 20-minütigen wöchentlichen Treffen noch Zeit investieren möchten, um Ihren Vertragspartner zu stützen, wäre es hilfreich, wenn Sie mit ihm gemeinsame Aktivitäten unternehmen könnten. So könnten Sie z. B. ins Kino gehen, wenn Ihr Vereinbarungspartner eine ganze Woche nicht geraucht hat. Nach einem Monat des Nichtrauchens könnten Sie zusammen essen gehen etc. Es wäre schön, wenn Sie Ihren Ex-Raucher noch bis sechs Monate nach dem Erreichen der Abstinenz betreuen könnten. Vereinbarungen und bekräftigendes Zureden auch nach dem Erreichen der Abstinenz haben sich als wirksam erwiesen, Rückfällen vorzubeugen.

Tipps zur Ernährung

Es gibt einen Zusammenhang zwischen Rauchen und dem Körpergewicht. Zum einen wirkt sich das Rauchen direkt auf den Stoffwechsel aus. Durch das Rauchen erhöht sich der so genannte Grundumsatz des Körpers, d. h. der Energieverbrauch steigt an. Dieser erhöhte Energieverbrauch wirkt sich in einem niedrigen Körpergewicht aus. Raucher sind im Durchschnitt dünner als Nichtraucher.

Zum anderen greifen viele Raucher, wenn sie das Rauchen aufgeben, gerade in der ersten Phase des Nichtrauchens vermehrt zu kalorienreicher Nahrung und Süßigkeiten, um sich über die Runden zu helfen, wenn sie Verlangen nach Zigaretten verspüren.

Eine gute Möglichkeit, sich ausgewogen zu ernähren, ist die *Vollwerternährung*. Sie besteht aus Gemüse, Obst, Vollkorn- und Milchprodukten, sowie Fisch, Eiern und Fleisch in geringen Mengen. Die eine Hälfte der Nahrung sollte dabei aus erhitzter Kost, die andere aus unerhitzter Kost – der so genannten Frischkost – bestehen.

Vollkornprodukte, frisches Obst und Gemüse, Hülsenfrüchte und Kartoffeln versorgen den Körper nicht nur mit Stärke und Ballaststoffen, sie liefern auch viele Vitamine und Mineralstoffe.

Im Gegensatz zu Vollkornprodukten enthalten Weißmehlprodukte kaum noch Vitamine und Mineralstoffe, die sich alle in der Schale des Korns befinden. Zudem werden Weißmehlprodukte schneller verdaut, so dass früher ein erneutes Hungergefühl entsteht. Deshalb sollte man darauf achten, mehr Vollkorn- als Weißmehlprodukte zu sich zu nehmen.

Unser Körper braucht Fett, aber nicht zu viel. Bei den *Fetten* unterscheidet man zwischen den ungesättigten und den gesättigten Fettsäuren. Dabei sind die ungesättigten Fettsäuren den gesättigten vorzuziehen. Hohe Mengen an ungesättigten Fettsäuren haben z. B. Sonnenblumenmargarine, Distel-, Maiskeim-, Oliven- und Sonnenblumenöl, das heißt also pflanzliche Fette, sowie bestimmte Fischsorten (z. B. Forelle, Rotbarsch und Heilbutt). Tierische Fette enthalten dagegen einen hohen Anteil gesättigter Fettsäuren und sind deswegen für eine gesunde Ernährung eher ungünstig. Das heißt nicht, dass Sie auf tierische Fette verzichten sollen, man sollte jedoch darauf achten, dass der Anteil ungesättigter Fettsäuren in der Ernährung mindestens ebenso hoch ist wie der Anteil gesättigter Fettsäuren. Das kann z. B.

dadurch erreicht werden, indem man Wurst und Butter etwas weniger dick aufs Brot streicht und den Verbrauch fetter Wurstsorten einschränkt.

Eiweiß ist für den Körper lebensnotwendig. Eiweiß ist in tierischen und in pflanzlichen Lebensmitteln enthalten. Geeignete Eiweißquellen sind Fleisch, Fisch, Milchprodukte sowie Getreide und Hülsenfrüchte. Tierisches Eiweiß ist besonders wertvoll, da es dem Körpereiweiß in seiner Zusammensetzung sehr ähnelt. Pflanzliches Eiweiß kann genauso wertvoll sein, wenn es mit anderen eiweißhaltigen Lebensmitteln ergänzt wird (z. B. Pellkartoffeln mit Quark, Müsli aus Haferflocken, Milch, Obst und Nüssen). Zwei bis drei Fleischmahlzeiten pro Woche reichen aus. An den übrigen Tagen können Fisch und vegetarische Gerichte den Eiweißbedarf decken.

Kohlenhydrate sollten als möglichst komplexe Kohlenhydrate, wie sie in Kartoffeln, Hülsenfrüchten, Gemüse und Brot enthalten sind, konsumiert werden. Sie liefern gleichzeitig Vitamine und Mineralstoffe. Ungünstig sind die einfachen Kohlenhydrate, wie sie in Zucker und Süßigkeiten vorkommen. Auch hier gilt: man muss auf Süßes nicht vollständig verzichten. Als Faustregel kann gelten: etwa 50–60 Gramm Zucker pro Tag sind erlaubt. Allgemein lautet die Devise: wenig Süßes essen und das Wenige mit gutem Gewissen genießen.

Für die *Getränke* gilt: Wasser ist der Hauptbestandteil unseres Körpers. Der Körper deckt seinen Flüssigkeitsbedarf zur einen Hälfte aus Getränken, zur anderen Hälfte über die aufgenommene feste Nahrung. Um die täglichen Wasserverluste zu ersetzen, sollten dem Körper pro Tag etwa 1,5 l Flüssigkeit zugeführt werden. Dabei gibt es gute und schlechte Durstlöscher.

Trink- und Mineralwasser, ungezuckerter Kräuter- oder Früchtetee löschen gut den Durst. Mit Wasser verdünnte Fruchtsäfte sind ebenfalls geeignet.

Ungünstig sind zuckerhaltige Getränke wie Limonaden und Cola. Überhaupt nicht geeignet ist Alkohol, da dieser dem Körper mehr Wasser entzieht als zuführt.

Einige Hinweise zur Ernährung:

- Essen Sie bewusst, kauen Sie langsam und gründlich.
- Nehmen Sie lieber fünf kleine als drei große Mahlzeiten zu sich.
- Trinken Sie viel! Das hilft Ihnen in den ersten Wochen und Monaten, die Hungergefühle zu unterdrücken. Aber bitte nicht alkoholische Getränke, sondern kalorienarme oder -freie Getränke wie Wasser, Tees und Säfte.
- Nehmen Sie bei plötzlichen Hungerattacken kleine Zwischenmahlzeiten ein. Obst und Gemüse, Magermilchprodukte oder Knäckebrot bieten sich an.
- Wenn Sie Heißhunger auf Süßes haben, greifen Sie zu Obst, Kaugummi oder Salmiakpastillen.
- Machen Sie neue Geschmacksexperimente! Gehen Sie mal in einen Feinkostladen oder ins Reformhaus und probieren Sie etwas Neues zum Essen aus.

Ergänzend sind möglich: Obst- und Gemüsetag

4. Stunde

Therapeutische Ziele

1. Positives Feedback – Rückmeldung über die erreichten Ziele
2. Motivationserhöhung durch Rückmeldung der positiven Veränderungen, zunehmende körperliche Fitness, Verstärkung durch ehemalige »Mitraucher« oder die Familie
3. Rückbesinnung auf die ursprünglichen Motivationen und Überprüfung/Ergänzung derselben
4. Intensivierung der operanten Verstärkung und Ausbau des Alternativverhaltens
5. Bei Rückfällen oder Konfrontation mit rückfallgefährlichen Situationen ausführliche Besprechung der Kognitionen, Emotionen und physiologischen Wahrnehmungen, Motivation zum erneuten Versuch einer Abstinenz (siehe Arbeitsmaterial 4. Stunde); Exkurs »Umgang mit negativen Gedanken«
6. Ausführliches Besprechen von rückfallkritischen Situationen, Suche nach alternativen Bewältigungsstrategien, Vorbereitung auf rückfallgefährliche Situationen durch Rollenspiele
Exkurs »Ablehnungstraining«

7. Vermittlung einer Entspannungstechnik, z. B. der Progressiven Muskelrelaxation nach Jacobson (siehe Material für die 4. Stunde)
8. Ermutigung zur konsequenten und langfristigen Anwendung der medikamentösen Unterstützung; Hinweis darauf, dass innerhalb der ersten drei Monate die höchste Rückfallgefahr besteht
9. Feedback-Runde

Therapeutische Bausteine

1. Positives Feedback – Rückmeldung über die erreichten Ziele

Wie in den Stunden zuvor werden CO-Messungen oder der Rapport über die pro Woche bzw. pro Tag gerauchten Zigaretten genutzt, um ein positives Feedback zu geben. Mittlerweile kann auch dazu übergegangen werden, die Zahl der abstinenten Tage als Ausdruck für den anhaltenden Erfolg in die Diskussion zu bringen.

Die Rückmeldungen über die erreichten Ziele, die möglichst aus der Gruppe an die einzelnen Teilnehmer kommen sollten, beziehen sich auf Abstinenztage, gesundheitliche Fortschritte und Verbesserung der körperlichen Parameter wie CO-Gehalt der Ausatemluft oder Leistungsfähigkeit.

2. Motivationserhöhung durch Rückmeldung der positiven Veränderungen

Noch ist es schwer, auf die Zigarette und die damit subjektiv verbundene Lebensqualität zu verzichten. Umso wichtiger ist es, körperliche Veränderungen, die zunehmende körperliche Fitness und die Verstärkung durch ehemalige Mitraucher oder Nichtraucher in der Familie oder im Kreis nahestehender Personen als Hinweis auf eine positive Veränderung zu werten. Die Aufgabe an die Gruppe lautet:

> Überprüfen Sie, welche Fortschritte Sie im Verlauf der letzten Woche haben machen können. Geht es Ihnen körperlich besser? Hat sich der Geruchs- und Geschmackssinn verbessert? Haben Sie viel Anerkennung ernten können? Fühlen Sie sich bereits frischer, leistungsfähiger und vor allem unabhängiger?
> Nennen Sie bitte in einer kurzen Runde das für Sie wichtigste Merkmal aus der vergangenen Woche.

3. Rückbesinnung auf die ursprüngliche Motivation und Überprüfung sowie Ergänzung derselben

Für viele mag sich die Motivation aus den ersten Therapiestunden bestätigt haben. Für manch anderen tritt die ursprüngliche Motivation angesichts der auftretenden Schwierigkeiten in den Hintergrund.

Nach den ersten schwierigen Tagen ergibt sich jetzt eine gute Gelegenheit, die ursprüngliche Motivation nochmals aufzugreifen und ggf. zu ergänzen.

> Überprüfen Sie Ihre Nichtraucherziele! Vergleichen Sie Ihre Einstellung jetzt mit den Notizen auf Ihrer Motivationskarte. Haben Sie schon Vorteile durch das Nichtrauchen? Ist Ihr persönlicher Motivationssatz so noch zutreffend, oder haben Sie neue Motivationssätze entwickelt?

4. Intensivierung der operanten Verstärkung und Ausbau des Alternativverhaltens

> Erstellen Sie eine Liste von möglichen Belohnungen, die Sie nach Ihrer Attraktivität sortieren und bestimmten, künftigen Zielen zuordnen. Überlegen Sie sich schon jetzt die ganz große Belohnung für den 100. Tag, an dem Sie nicht mehr rauchen! Suchen Sie nach neuen Alternativen zum Rauchen. Welche neuen Freizeitaktivitäten möchten Sie gerne einmal ausprobieren? Gibt es Alternativen, die Sie in Versuchungssituationen sofort wählen können? (z. B. Telefonieren, im Garten arbeiten, Fahrrad fahren …) Durchbrechen Sie so den Mechanismus des automatischen Rauchens! (siehe Material 4. Stunde)

5. Rückfälle und rückfallkritische Situationen

Typische Rückfallsituationen, die von Teilnehmern zu diesem Stadium genannt werden, sind folgenden Bereichen zuzuordnen:

1. *Situative Faktoren:* In Anwesenheit anderer Raucher, auf Festen, gesellschaftlichen Anlässen, in der Gesellschaft von anderen, bei Angeboten, mitzurauchen, vielleicht auch bei der Entdeckung eines eigenen, noch versteckt gehaltenen oder verlorengeglaubten Vorrats an Zigaretten wird situativen Merkmalen nicht ausreichend vorbereitet begegnet. Es kommt zu einer spontanen Zusage an das Rauchverhalten und zur Abstinenzverletzung, die nur dadurch gerechtfertigt werden kann, dass anschließend »mit Genuss« weitergeraucht wird (»Abstinenzverletzungseffekt«).
2. *Emotionale Faktoren:* Ärger, Niedergeschlagenheit, Langeweile, Anspannung oder Aggressivität, die sich nicht anders entladen lassen, werden durch den Konsum einer »Beruhigungszigarette« kompensiert.
3. *Selbstunsicherheit, geringes Erfolgsvertrauen:* Der selbstunsichere Raucher mit vielen kognitiven Selbstzweifeln, mit der Neigung, die Umgebung zu idealisieren,

vielleicht auch mit der Illusion einer Kontrolle über den Tabakkonsum und dem vorsichtigen Versuch, eine erste Zigarette ungestraft rauchen zu dürfen, unterliegt meist dem Irrtum, die Abhängigkeit von der Zigarette überwunden zu haben oder aber überwinden zu können.

4. *Physiologische Abhängigkeit:* Nicht zuletzt spielen auch physiologische Faktoren, Entzugssymptome, ein starkes Verlangen, Übermüdung, aber auch der begleitende Alkoholkonsum, Kaffeekonsum oder ein Heißhunger eine weitere Rolle bei der Behandlung eines Rückfalls. Die körperliche Abhängigkeit geht mit den Entzugssymptomen einher, die abhängige Raucher in *nachlassender* Intensität für ein bis sechs Wochen verspüren. Schlafstörungen, subjektiv erlebte Konzentrationsstörungen, vermehrte Reizbarkeit und Irritabilität sind niemals bedrohlich, aber zermürbend, und ebnen den Weg zur vermeintlichen »einzigen Entlastungszigarette«. Der Hinweis auf ein Nachlassen und ein Ende der Entzugssymptome macht Mut, weiter durchzuhalten.

Problematischer sind die anhaltenden Appetitsteigerungen oder die Gewichtszunahme – hier sei nochmals auf die Tipps in ▸ Kap. 3. Stunde verwiesen. Sollten schwere depressive Symptome auftreten, was vor allem Personen widerfahren kann, die auch in der Vergangenheit schon depressive Phasen durchlebt haben, so muss abgewogen werden, ob ein Psychiater einbezogen werden muss.

Für jeden der Raucher kann aus einem dieser vier Bereiche eine besondere Gefährdung bei der Aufrechterhaltung der Abstinenz erwachsen. In der Gruppe besteht die Möglichkeit, jede dieser möglichen Konstellationen und wahrscheinlichen Risiken für jeden einzelnen zu diskutieren und konkrete Lösungsstrategien hierfür zu erarbeiten.

Die Aufgabe an den Raucher in der Gruppe ist es, individuelle Bewältigungsstrategien zu erarbeiten. Die im Anhang befindliche Vorlage ist geeignet, typische rückfallkritische Situationen nicht nur zu notieren, sondern auch mit positiven Aktivitäten und erwarteten positiven Konsequenzen, die selbstverstärkend wirksam sein können, eine Möglichkeit zur Rückfallverhinderung zu erarbeiten.

Exkurs »Umgang mit negativen Gedanken«

Negative Gedanken, selbstentwertende Betrachtungen, Selbstunsicherheit oder depressive Stimmungen reduzieren die Fähigkeiten, rückfallgefährlichen Situationen adäquat und mit Durchhaltevermögen zu begegnen. Wenn Fertigkeiten, »Skills«, für solche Situationen fehlen, kann – individualisiert – ein Angebot zum Umgang mit negativen Gedanken gemacht werden. Positive Umformulierungen stärken die Coping-Strategien im Umgang mit negativen Gedanken. Dies ist für einen Teil der Gruppe interessant, insbesondere wenn Personen mit psychischen Belastungen (depressive Vorerkrankungen, Angststörungen oder selbstunsichere Persönlichkeitsstrukturen) am Kursprogramm teilnehmen.

Negative Gedanken	Positive Gedanken
Ich schaffe es sowieso nicht, abstinent zu bleiben	Es ist nicht einfach, aber ich habe Unterstützung durch eine Gruppe von Gleichgesinnten.
Ohne Zigaretten fehlt mir ein Genuss im Leben	Das Leben bietet so viele angenehme Genüsse, ich muss einiges mal ausprobieren.
Ich werde den Anschluss an meine Freunde verlieren	Viele wären stolz auf mich, wenn sie das auch schaffen könnten.
Ich schaffe das nicht ...	Aller Anfang ist schwer, im Lauf der Zeit soll es viel leichter werden...
Die Zigarette gehörte für mich immer dazu...	Es macht Vergnügen, auch mal was Neues auszuprobieren ...
...	...

6. Ausführliche Besprechung von rückfallkritischen Situationen, Vorbereitung durch Rollenspiele

Rückfallkritische Situationen, die durch situative Merkmale bestimmt werden, können im Rahmen von Rollenspielen vorbereitet und damit rückfallpräventiv durchgearbeitet werden.

Beispielhaft werden einige Rollenspielsituationen vorgegeben, die in der Gruppe erarbeitet werden können (siehe Material für die 4. Kurswoche – auch verwendbar in Kurswoche 5 und 6).

Zu bevorzugen ist jedoch die Auswahl von typischen rückfallgefährlichen Situationen aus dem Erfahrungsschatz der teilnehmenden Raucher.

Exkurs »Wichtige Hinweise zum Ablehnungstraining«

Die Verbesserung der Fertigkeiten, in sozialen Situationen »Nein« zu sagen und eine angebotene Zigarette abzulehnen, ist ein wichtiger Bestandteil der Vorsorge vor einem Rückfall. Dies muss geübt werden – Offenheit, Bestimmtheit, Rationalität (Ich rauche nicht mehr, weil...) sind wirkungsvolle Komponenten, um herausfordernde Angebote wirkungsvoll ablehnen zu können. »Ablehnungsfertigkeiten« lassen sich trainieren – mit jeder erfolgreich bewältigten Situation fällt es leichter! Das Verlangen lässt in der Folge mit jeder »Exposition« nach. Dieser Effekt der »Habituation« ist in der Suchttherapie wie auch bei der Angstbehandlung gut bekannt und wird im Sinne eines Expositionstrainings oft genutzt – sowohl in sozialen Situationen als auch bei der Konfrontation mit den üblichen rauchtypischen Hinweisreizen (Aschenbecher, Feuerzeug, Bushaltestelle u.v.m.). Ein Teil des Suchtgedächtnisses, die Konditionierung des Rauchverlangens an bestimmte Stimuli, seien es diese genannten, externen Stimuli als auch emotionale Zustände, interne Stimuli (Frust, Langeweile, soziales Wohlfühlen) wird dadurch umprogrammiert. Eine erfolgreiche Übung stärkt das Selbstbewusstsein, verbessert die Fertigkeiten im Umgang mit herausfordernden Situationen, mindert das Risiko für wiederholte weitere Aufforderungen zum Tabakkonsum und schwächt die bestehende Konditionierungen ab.

7. Anleitung zum Entspannungstraining

Stress oder die Suche nach Entspannung ist für viele Raucher einer der wichtigsten Gründe, zur Zigarette zu greifen. Weil das Rauchen so häufig zum Abbau von Spannungen eingesetzt wird, ist es besonders wichtig, eine alternative Möglichkeit zur Entspannung zu lernen. Auch die innere Distanzierung zum Rauchen wird durch autosuggestive Leitsätze in Verbindung mit einer Entspannungstechnik möglich.

Das Progressive Muskelrelaxationstraining nach Jacobson ist eines der am häufigsten angewendeten Verfahren zur Entspannung. Jedes Entspannungsverfahren muss erlernt werden. Die Progressive Muskelentspannung nach Jacobson gilt als das Verfahren, das am einfachsten zu erlernen ist. Die Teilnehmer müssen aber zum Üben auch außerhalb der Therapiestunden angehalten werden.

Instruktionen für den Ablauf des Entspannungstrainings

Entspannung kann man lernen!

Sie lernen sich zu entspannen, indem Sie die Muskelgruppen Ihres Körpers zunächst anspannen und dann entspannen. Dadurch können Sie nicht nur wahrnehmen, wo im Körper die Anspannung steckt, aus dem Kontrast zur Anspannung lernen Sie gleichzeitig die Entspannungsreaktion.

Die einzelnen Muskelgruppen des Körpers werden dabei stufenweise durchgegangen, beginnend mit den Händen und Armen, danach Kopf und Schulterbereich, schließlich Rücken, Bauch und Beine. Je häufiger Sie üben, desto schneller stellt sich die Entspannungsreaktion ein. Am Ende werden Sie die einzelnen Muskelgruppen gar nicht mehr anspannen müssen, um Entspannung zu erreichen.

Wenn Sie zu Hause üben, suchen Sie sich zunächst einen ruhigen Raum. Setzen oder Legen Sie sich so bequem wie möglich hin und versuchen Sie, ein bis zwei Minuten ruhig und entspannt zu liegen. Achten Sie darauf, dass die Füße fest auf dem Boden aufstehen und die Beine in den Knien einen rechten Winkel bilden. Die Unterarme ruhen auf den Oberschenkeln und der Kopf fällt leicht nach vorn auf die Brust.

Schließen Sie dann die Augen und nehmen Sie sich vor, zu entspannen. Lassen Sie Ihre Muskeln so locker wie möglich und nehmen Sie einige tiefe Atemzüge.

Das Entspannungstraining besteht aus vier Übungsteilen. Beginnen Sie mit dem ersten Teil und nehmen Sie in den kommenden Wochen jeweils einen weiteren Teil hinzu. Üben Sie insgesamt nicht länger als 20 Minuten.

Die Durchführung der einzelnen Übungsschritte erfolgt immer auf die gleiche Art und Weise: Der genannte Körperteil wird zunächst angespannt, so stark, wie Sie es gerade eben noch aushalten, und anschließend entspannt. Die Zeit der Anspannung sollte etwa 5 Sekunden, die Zeit der Entspannung etwa 15–20 Sekunden dauern. Dies sind Richtwerte, Sie werden schnell ein Gefühl dafür bekommen, welche zeitliche Verteilung Ihnen am angenehmsten ist.

Lesen Sie sich vor dem Üben die jeweiligen Übungsschritte durch und prägen Sie sich die Schritte ein. Achten Sie bei jedem Übungsschritt jedes Mal auf die unterschiedlichen Empfindungen, die die Anspannung und die Entspannung hervorrufen. Achten Sie also zunächst auf das Gefühl der Anspannung, lassen Sie die Muskeln wieder locker werden und achten Sie dann auf das Gefühl der Entspannung.

Wenn Ihnen einzelne Übungsschritte unangenehm sind, dann können Sie diese auch weglassen.

Zählen Sie am Ende des Übungsprogramms in Gedanken von 4 bis 1, öffnen Sie die Augen, winkeln Sie die Arme an und strecken Sie sich. Stehen Sie langsam auf.

… (hier Übungen zu den Muskelgruppen)

Zum Schluss atmen Sie bitte tief ein, halten Sie die Luft kurz an, und atmen Sie die Luft wieder aus. Spüren Sie die Entspannung. Versuchen Sie, sich noch weiter zu entspannen (ca. 1 Min.).

Zählen Sie nun – am Ende der Übung – in Gedanken langsam Rückwärts von 4 bis 1, räkeln und strecken Sie sich, atmen Sie kräftig durch und öffnen Sie die Augen.

Hinweis: Je nach Zusammensetzung der Gruppe und dem Bedarf nach Möglichkeiten zur Entspannung kann das Entspannungstraining auch schon in Kurswoche 3 eingesetzt werden.

8. Ermutigung zur langfristigen Anwendung medikamentöser Unterstützung

Viele Untersuchungen zeigen, dass innerhalb der ersten drei Monate die höchste Rückfallgefahr für Raucher besteht. Es ist daher wichtig, auf eine konsequente medikamentöse Unterstützung während dieser Zeit hinzuarbeiten. Die Anwendungsempfehlungen für die Medikamente zur Bekämpfung der Entzugssymptome am Anfang der Abstinenz gehen von einer mindestens zweimonatigen, wenn nicht sogar dreimonatigen Phase einer Nikotinsubstitution sowie Vareniclin oder alternativ einer zweimonatigen Phase der Behandlung mit Bupropion aus. Lediglich bei der Behandlung mit Cytisin beschränkt sich die Einnahmephase auf lediglich 25 Tage. Die Rückfallgefahr kann wirksam durch eine konsequente medikamentöse Unterstützung unterbunden werden. Die Mitteilung über die reduzierten Risiken, aber auch über die positiven Einflüsse der medikamentösen Unterstützung auf die Gewichtsentwicklung, die Entzugssymptome und das Rückfallrisiko soll den Raucher motivieren, die Behandlungsbereitschaft aufrechtzuerhalten.

Für viele von Ihnen mag nun die Versuchung groß werden, nach den ersten erfolgreich überstandenen Tagen der Abstinenz mit dem Gedanken zu spielen, gänzlich auf die Nikotinsubstitution/Medikation zu verzichten. Natürlich sollen Sie sich möglichst sicher fühlen, diese Abstinenz zu bewältigen. Andererseits wissen wir auch sehr gut, dass die Fortsetzung und die empfohlene Dauer der medikamentösen Unterstützung ein wichtiger und unverzichtbarer Baustein in der Behandlung sind. Das Risiko für einen Rückfall erhöht sich dramatisch, wenn Sie innerhalb der ersten sechs Wochen schon auf die Nikotinsubstitution verzichten sollten.

Gehen Sie kein Risiko ein – der bereits jetzt schon zu verbuchende Erfolg ist es nicht wert, unnötige Risiken einzugehen!

9. Feedback-Runde

Die Raucher werden nun zunehmend als Ex-Raucher angesprochen und in ihrer werdenden Abstinenz bestärkt. Sie werden sensibilisiert, Schwierigkeiten auch jetzt noch wahrzunehmen und rückfallgefährlichen Situationen, Stress, Entzugssymptomen oder Versuchungssituationen durch eine Steigerung der Fertigkeiten im Umgang mit diesen Situationen entgegenzutreten.

Material für die 4. Stunde

»Meine Bewältigungsstrategien«

Der Teilnehmer soll angewiesen werden, typische rückfallgefährliche Situationen und für jede einzelne Situation – im Sinne einer kognitiven Vorbereitung – eine passende alternative Handlung zu benennen.

Eine Stabilisierung des Alternativverhaltens kann nur erfolgen, wenn zugleich auch positive Konsequenzen des »Nichtrauchens« in schwierigen Situationen möglichst konkret genannt werden.

Umgang mit negativen Gedanken/kognitive Umstrukturierung

Insbesondere Teilnehmende, die zu negativen Affekten neigen, für die das Rauchen eine Bewältigung negativer Emotionen darstellt, können in der Stunde angewiesen werden, einen Versuch zur kognitiven Umstrukturierung zu unternehmen. Die Anleitung braucht manchmal etwas Zeit und sollte unter persönlichen Alltagsbedingungen geübt werden.

Übungsanleitung zur Muskelrelaxation nach Jacobson

Für die Durchführung der Muskelrelaxation nach Jacobson existieren viele verschiedene Vorlagen. Es ist zweckmäßig, ein einseitiges Übungsblatt auszugeben, das die Raucher als Vorlage für die Übungen zu Hause verwenden können.

Erforderlich ist eine erste gemeinsame Übung (des ersten oder der ersten beiden Abschnitte) in der Therapiestunde. Die Teilnehmer sollten angewiesen werden, nur das Gelernte nachzubereiten und angesichts der sehr knappen Instruktionen nicht ohne hilfreiche therapeutische Anleitung weiterzumachen.

Verpflichtende Vereinbarung (siehe Materialien für die 3. Stunde)

Für jede Woche kann eine neue Vereinbarung herausgegeben werden. Die Teilnehmer sollten weiter motiviert werden, eine Vereinbarung, eine Wette oder einen Vertrag mit einem Kurshelfer oder einer anderen befreundeten, nahestehenden oder – wenn nicht anders möglich – einer neutralen Person abzuschließen. Inhalt der Vereinbarung sollten sowohl die positiven Konsequenzen des Erfolges als auch die negativen Konsequenzen im Fall eines Nichterfolges, Bedingungen der Umwandlung der antizipierten Erfolge in reale Erfolge sowie die Einlösung der negativen Konsequenzen sein.

Materialien, die online verfügbar sind:

- ✓ Meine Bewältigungsstrategien
- ✓ Umgang mit negativen Gedanken/Anleitung zur kognitiven Umstrukturierung
- ✓ Rollenspielübungen
- ✓ Muskelrelaxation nach Jacobson – Übungsanleitung
- ✓ Verpflichtende Vereinbarung, das Rauchen aufzugeben

Meine Bewältigungsstrategien

Strategieliste zum Vorbeugen eines Rückfalls in Versuchungssituationen

Rückfallkritische/»gefährliche« Situation	Was ich tun kann	Erwartete positive Konsequenz/Veränderung

»Was ich tun kann«

Mögliche Beispiele:

- Körperliche Betätigung: Spazieren gehen, Gartenarbeit
- Ablenkung durch angenehme Tätigkeit: Lesen, Fernsehen
- Vermeidung der gefährlichen Situation
- Entspannungsübung
- Andere um Unterstützung und Rücksicht bitten
- Vorstellung der positiven Konsequenzen des Nichtrauchens
- Etwas Kauen (Karotte) oder Lutschen (Pfefferminzbonbons)
- Kontaktaufnahme mit dem »Kurshelfer«

Umgang mit negativen Gedanken/Anleitung zur kognitiven Umstrukturierung

Nutzen Sie die Beispiele als Anleitung für Umformulierung eigener, häufig wiederkehrender Gedanken, die Sie behindern und von denen Sie eigentlich wissen, dass sie relativiert werden könnten …

Negative Gedanken	Positive Gedanken
Beispiel: Ich schaffe es sowieso nicht, abstinent zu bleiben	Beispiel: Es ist nicht einfach, aber ich habe Unterstützung durch eine Gruppe mit Gleichgesinnten.
Ohne Zigaretten fehlt mir ein Genuss im Leben	Das Leben bietet so viele angenehme Genüsse, ich muss einiges mal ausprobieren.
Ich werde den Anschluss an meine Freunde verlieren	Viele wären stolz auf sich, wenn sie das auch schaffen könnten.
Ich schaffe das nicht …	Aller Anfang ist schwer, im Lauf der Zeit soll es viel leichter werden…
Die Zigarette gehörte für mich immer dazu…	Es macht Vergnügen, auch mal was Neues auszuprobieren …
…	…

Rollenspielübungen[4]

Ziel der Rollenspiele

- Kennenlernen potenziell rückfallgefährlicher Situationen
- Erarbeiten hilfreicher Auswege aus Versuchungssituationen

> **Regeln für die Durchführung eines Rollenspiels**
>
> 1. Festlegung von Situation und Dauer
> 2. Festlegung der Rollen
> 3. Konkrete Operationalisierung der Aufgabe/des Lernziels
> 4. Beurteilungskriterien vorgeben
> 5. Positive Rückmeldung nach dem Rollenspiel
> 6. Konstruktive Vorschläge zur Optimierung sammeln

Mögliche Aufgaben

1. Auf einem Fest wird Ihnen von Freunden, die noch nicht wissen, dass Sie nicht mehr rauchen wollen, eine Zigarette angeboten.
2. Auf einem Fest wird Ihnen von Freunden, die wissen, dass Sie nicht mehr rauchen wollen, eine Zigarette angeboten.
3. Sie beginnen ein Gespräch mit einer unbekannten, attraktiven Person und werden zu einer Zigarette eingeladen.
4. Am Arbeitsplatz/in Ihrem Büro rauchen die Kollegen. Dies hat Sie bisher nicht gestört, nun wollen Sie gerne die Kollegen darauf aufmerksam machen, dass sie es Ihnen zuliebe lassen sollten.
5. Nach einem Streit haben Sie sich bisher immer eine Zigarette angezündet. Ihr Partner hat noch einen Vorrat.
6. Jemand bittet Sie, nur kurz seine Zigarette zu halten.
7. Ihnen wird vorgeworfen, mit Ihnen sei nichts mehr los, Sie seien nicht mehr der Alte, nicht einmal rauchen könnten Sie noch.
8. Sie werden wegen Ihres wiederholten Abstinenzversuchs ausgelacht – bisher hat nichts funktioniert, warum soll es diesmal besser werden?

Progressive Muskelrelaxation nach Jacobson – Übungsanleitung

Wenn Sie zu Hause üben, suchen Sie sich zunächst einen ruhigen Raum. Legen Sie sich so bequem wie möglich hin und versuchen Sie, ein bis zwei Minuten ruhig und entspannt zu liegen.

---

[4] Für die Mitarbeit bei der Erstellung der Rollenspielübungen danken wir Herrn Dr. med. Dipl. Psych. Thomas Frittrang

Wenn es für Sie angenehmer ist, können Sie auch im Sitzen entspannen. Achten Sie darauf, dass die Füße fest auf dem Boden aufstehen und die Beine in den Knien einen rechten Winkel bilden. Die Unterarme ruhen auf den Oberschenkeln und der Kopf fällt leicht nach vorn auf die Brust.

Das Entspannungstraining besteht aus vier Übungsteilen. Beginnen Sie mit dem ersten Teil und nehmen Sie in den kommenden Wochen jeweils einen weiteren Teil hinzu. Üben Sie insgesamt nicht länger als 20 Minuten am Tag.

Die Durchführung der einzelnen Übungsschritte erfolgt immer auf die gleiche Art und Weise: Der genannte Körperteil wird zunächst angespannt, so stark, wie Sie es gerade eben noch aushalten, und anschließend entspannt. Die Zeit der Anspannung sollte etwa 5 Sekunden, die Zeit der Entspannung etwa 15–20 Sekunden dauern. Dies sind Richtwerte, Sie werden schnell ein Gefühl dafür bekommen, welche zeitliche Verteilung Ihnen am angenehmsten ist.

Lesen Sie sich vor dem Üben die jeweiligen Übungsschritte durch und prägen Sie sich die Schritte ein. Achten Sie bei jedem Übungsschritt jedes Mal auf die unterschiedlichen Empfindungen, die die Anspannung und die Entspannung hervorrufen. Achten Sie also zunächst auf das Gefühl der Anspannung, lassen Sie die Muskeln wieder locker werden und achten Sie dann auf das Gefühl der Entspannung.

Wenn Ihnen einzelne Übungsschritte unangenehm sind, dann können Sie diese auch weglassen.

Zählen Sie am Ende des Übungsprogramms in Gedanken von 4 bis 1, öffnen Sie die Augen, winkeln Sie die Arme an und strecken Sie sich. Stehen Sie langsam auf.

Anmerkung: Wenn Sie Linkshänder sein sollten, starten Sie mit der linken Hand/dem linken Arm.

Muskelgruppe	»Spannen Sie die jeweiligen Muskeln an und beobachten Sie die Spannung, indem Sie« (ca. 5 Sekunden)	Entspannen Sie (für ca. 15–20 Sekunden)
Rechte Hand und Unterarm	Die rechte Hand zur Faust ballen	Lassen Sie die Muskeln wieder locker werden und achten Sie dabei auf das Gefühl der Entspannung
Linke Hand und Unterarm	Die linke Hand zur Faust ballen	
Beide Hände und Unterarme	Beide Hände zur Faust ballen	
Bizeps des rechten Arms	Den rechten Arm anwinkeln und den Bizeps spannen	
Bizeps des linken Arms	Den linken Arm anwinkeln und den Bizeps spannen	
Bizeps beider Arme	Beide Arme anwinkeln und im Bizeps spannen	
Muskeln auf der Oberarm-	Mit beiden Händen bei gestreckten Armen auf den Stuhlrand drücken	

Muskel-gruppe	»Spannen Sie die jeweiligen Muskeln an und beobachten Sie die Spannung, indem Sie« (ca. 5 Sekunden)	Entspannen Sie (für ca. 15–20 Sekunden)
rückseite (Trizeps)		
Stirn	Die Stirn runzeln	Lassen Sie die Muskeln wieder locker werden und achten sie dabei auf das Gefühl der Entspannung
Augenpartie	Die Augenbrauen zusammenziehen und die Augen fest zusammenkneifen	
Kiefer	Zähne zusammenbeißen	
Zunge	Die Zunge an den Gaumen pressen	
Lippen	Die Lippen spitzen und aufeinanderpressen	
Nacken	Den Kopf ganz nach hinten drücken, das Kinn auf die Brust drücken	
Schulter	Die Schultern ganz nach oben ziehen	
Schulter und oberer Rücken	Die Schultern ganz nach oben ziehen, nach vorne und nach hinten bewegen	
Brust	Tief einatmen, Luft kurz anhalten	Atem langsam entweichen lassen. Lassen Sie die Muskeln locker werden und achten Sie dabei auf das angenehme Gefühl der Entspannung
Bauch	Die Bauchmuskeln anspannen Den Bauch ganz einziehen Den Bauch ganz herauspressen	
Unterer Rücken	Den Rücken wölben	
Gesäß und Oberschenkel	Das Gesäß und die Oberschenkel anspannen	
Waden	Die Füße und Zehen vom Gesicht wegdrücken	
Schienbein	Die Füße und Zehen in Richtung auf das Gesicht beugen	

Wenn Sie alle Übungsabschnitte durchgegangen sind, genießen Sie den Zustand der Entspannung für eine Weile, ehe Sie die Übung beenden.

5. Stunde

Therapeutische Ziele

1. Rückmeldung über die erreichten Ziele
2. Einsatz operanter Verstärker
3. Fortführung der Vereinbarungen, des Muskelentspannungstrainings, der Alternativverhaltensweisen und der medikamentösen Unterstützung
4. Interventionen für den Fall, dass noch geraucht wird
5. Information über die Rückfalldynamik
6. Ausarbeitung eines Krisenplanes
7. Feedback-Runde

Wesentlicher Inhalt der 5. Therapiestunde ist die Vorbereitung des Umgangs mit einer Rückfallsituation. Die Stunde beinhaltet darüber hinaus eine Wiederholung der Inhalte der 4. Therapiestunde: Die Raucher sind noch abstinent, haben aber schon viele Erfahrungen mit den Schwierigkeiten gemacht, die Abstinenz aufrechtzuerhalten.

Ziel ist wiederum die Rückmeldung der erreichten Ziele, die Belohnung und Festigung des Erfolges durch operante Verstärker sowie eine Fortführung der Vereinbarungen über Abstinenzzeiten und Konsequenzen eines Rückfalls.

Das Muskelentspannungstraining nach Jacobson muss weiter eingeübt werden, die Raucher müssen zudem in ihren Bemühungen um einen Aufbau alternativer Verhaltensweisen in Stresssituationen, bei geselligen Anlässen u. a. weiter unterstützt werden.

Rückfälle sollten exemplarisch in der ganzen Gruppe bearbeitet werden. Lösungsstrategien für ähnliche Situationen sucht dabei nicht der Therapeut, sondern die Gruppe der »Erfahrungsexperten«!

Therapeutische Bausteine

1. Rückmeldung über die erreichten Ziele

Wie in den Stunden zuvor werden CO-Messungen oder der Rapport über die pro Woche bzw. pro Tag gerauchten Zigaretten genutzt, um ein positives Feedback zu geben. Mittlerweile kann auch dazu übergegangen werden, die Zahl der abstinenten Tage als Ausdruck für den anhaltenden Erfolg zu verstärken.

Die Rückmeldungen über die erreichten Ziele, die möglichst aus der Gruppe an die einzelnen Teilnehmer kommen sollten, beziehen sich auf die Abstinenztage, die gesundheitlichen Fortschritte und die Verbesserung der körperlichen Parameter wie CO-Gehalt der Ausatemluft oder Leistungsfähigkeit.

2. Einsatz operanter Verstärker

Fragen Sie nach den positiven Verstärkern, d. h. nach den Belohnungen, die sich die Teilnehmer gegönnt haben.

Häufig vernachlässigen ehemalige Raucher den Einsatz von Belohnungen – das Nichtrauchen wird zu rasch zur Selbstverständlichkeit. Drängen Sie daher darauf, dass jeder erreichte Abstinenztag als etwas Besonderes angesehen und positiv verstärkt wird.

> Schauen Sie auf Ihre Liste möglicher Belohnungen. Überlegen Sie sich für jeden Fortschritt eine eigene, angemessene Belohnung. Denken Sie daran: Noch ist es schwer, auf die Zigarette und die damit subjektiv verbundene Lebensqualität zu verzichten. Ihr bisheriger Erfolg ist Ihnen viel wert!

3. Fortführung der Vereinbarungen, des Muskelentspannungstrainings, der Alternativverhaltensweisen und der medikamentösen Unterstützung

Fortführung der Vereinbarungen

Unabhängig vom Erfolg der bisherigen Vereinbarungen sollte dieser Therapiebaustein beibehalten werden. Werden im Falle eines Erfolgs die Belohnungen oder im Falle eines Rückfalls die negativen Konsequenzen nicht umgesetzt, sollte die Intention dieser Technik nochmals gemeinsam besprochen werden. Wichtiges Ziel ist hierbei nicht die externe Kontrolle, sondern die Stärkung der Eigenverantwortung der Therapieteilnehmer.

> Auch wenn Sie den ersten Schritt schon geschafft haben, schließen Sie weiterhin Verträge oder Vereinbarungen ab. Achten Sie darauf, Belohnungen einzusetzen und auch einzulösen! Schließen Sie Vereinbarungen auch über längere Zeiträume ab!

Fortführung des Muskelentspannungstrainings

Nachdem in der vergangenen Stunde die Muskelentspannung eingeführt und die erste (eventuell auch schon die zweite) Übungseinheit von den Teilnehmern eingeübt wurde, sollten in der fünften und sechsten Therapiestunde die letzten beiden (drei) Übungseinheiten in der Therapiestunde unter Anleitung des Therapeuten wenigstens einmal miteinander durchgeführt werden.

Protokoll der Versuchungssituationen

Weder Therapeut noch Teilnehmer sollten in ihrem Bemühen, rückfallgefährliche Situationen zu identifizieren, nachlassen.

> Notieren Sie alle Situationen, in denen Sie gerne geraucht hätten. Führen Sie Ihre Rauchalternativen auf.
>   Was konnten Sie unternehmen, um nicht zu rauchen?

Fortführung der konsequenten Anwendung der medikamentösen Unterstützung

Anfängliche Erfolge verleiten zu einem baldigen Absetzen der Nikotinersatztherapie bzw. der medikamentösen Unterstützung. Dies ist angesichts der hohen Rückfallquoten innerhalb der ersten drei Monate absolut kontraindiziert. Die langfristige

Abstinenz – so zeigen alle Erfahrungen – ist auch abhängig von der konsequent durchgeführten körperlichen Entwöhnung!

4. Interventionen für den Fall, dass noch geraucht wird

Nur wenige Teilnehmer sind nach der vierten Woche noch nicht abstinent oder schon wieder rückfällig. Dies ist für den Therapeuten oftmals ein Indiz für das Vorhandensein einer psychischen Komorbidität (depressive Störung, Psychose oder Alkoholmissbrauch bzw. -abhängigkeit). Liegen hier keine Anhaltspunkte vor und ist die Nachexploration diesbezüglich ergebnislos, so sind folgende Interventionen auf der Verhaltensebene zu empfehlen:

- Überprüfen Sie Ihren Abstinenzwunsch! Was bedeutet Ihnen der Tabakkonsum? Was bedeutet Ihnen die Abstinenz?
- Welche Folge des Tabakkonsums ist Ihnen so wichtig, welchen Preis müssten Sie für eine Abstinenz zahlen? Gäbe es Alternativen für die Vorteile des Konsums?
- Fürchten Sie Komplikationen bei eintretender Abstinenz?
- Leiden Sie unter starken Entzugssymptomen?
- Beginnen Sie nochmals mit dem Ausfüllen der Selbstbeobachtungsinstrumente.
- Schließen Sie nochmals einen Vertrag ab!
- Überprüfen Sie die Liste »wirksamer« Belohnungen.
- Beobachten Sie sich in Rauchsituationen. Welche sind die gefährlichsten Verführungssituationen?
- Kann jemand in Ihrem Umfeld nicht ertragen, dass Sie abstinent werden?

Eine unzureichende medikamentöse Unterstützung ist oft ein Rückfallgrund! Die Nikotinersatztherapie bzw. die medikamentöse Unterstützung sollten unbedingt gemäß den Empfehlungen des Herstellers verwendet werden. Gegebenenfalls ist im Fall einer starken Entzugssymptomatik abweichend hiervon nach Prüfung der Indikationen und Kontraindikationen eine Kombination zweier Produkte vorzunehmen!

Verstärken Sie auch den Teilerfolg des Rauchers, der noch nicht abstinent werden konnte. Jede nicht gerauchte Zigarette stellt einen Erfolg dar!

Achten Sie aber darauf, dass bei einem reduzierten Konsum von 5–10 Zigaretten/Tag, der von Rauchern häufig wieder als attraktiv angesehen wird, nicht die Motivation zur Abstinenz verschwindet!

Ein kontrollierter Konsum ist entgegen der Hoffnung vieler Raucher langfristig sehr selten möglich!

5. Informationen über die Rückfalldynamik

Wir unterscheiden drei Phasen des Rückfallprozesses, die kontinuierlich ineinander übergehen:

Von einem *slip* (einmaliger Ausrutscher) wird dann gesprochen, wenn nach einer Abstinenzphase einige Züge von einer Zigarette geraucht werden. An diesem Punkt begünstigt eine negative Selbstbewertung und Selbstentmutigung das Fortschreiten des Rückfallprozesses über mehrere Ausrutscher (*lapses*) bis hin zu einem vollständigen Rückfall (*relapse*), dem täglichen Rauchen einer Zigarette und mehr.

Mit dem persönlichen Rückfall-Krisenplan erarbeiten die Kursteilnehmer im Vorfeld für jede Phase des Rückfallprozesses individuell kognitive und verhaltensbezogene Maßnahmen, die im Falle eines Ausrutschers bzw. auch eines vollständigen Rückfalles möglichst schnell in die erneute Abstinenz zurückführen sollen.

6. Ausarbeitung eines Krisenplanes

Was ist zu tun im Falle eines Rückfalls?

Das Lernziel dieser Therapieeinheit darf für den Teilnehmer nicht bedeuten:
»Ein Rückfall ist erlaubt«, sondern: »Jeder Rückfall zieht die Notwendigkeit nach sich, sofort in Aktion zu treten!«.

Die thematische Bearbeitung des Rückfalls darf daher nicht ohne konstruktiven Abschluss bleiben. In der Gruppe sollten alle Teilnehmer Strategien zum Umgang mit dem Rückfall nennen. Die therapeutischen Empfehlungen werden erst am Ende gegeben.

- Bedenken Sie: Rückfall heißt nicht gleich Misserfolg!
- Machen Sie sich klar, was Sie bis jetzt in die Abstinenz investiert haben – jeder Teilerfolg ist wichtig!
- Verdeutlichen Sie sich nochmals den Abstinenzgewinn.
- Nehmen Sie sich einzelne Bausteine (Selbstkontrollregeln, Vereinbarungen, Belohnung) nochmals vor.
- Erinnern Sie sich an Ihre Motivationssätze und an Ihre Motivationskarte.
- Suchen Sie Hilfe und Unterstützung durch Ihren Entwöhnungshelfer, Ihren Therapeuten, Ihre Freunde oder Familie.
- Erstellen Sie einen Rückfall-Krisenplan in Form eines Notfallplans. Dieser soll in Kraft treten, wenn Sie ein sehr starkes Rauchverlangen überfällt.
- Setzen Sie die Strategien Ihres persönlichen Rückfall-Krisenplans ein. Es ist möglich, an jedem Punkt des Rückfallprozesses erneut auszusteigen!

> **Wichtig für die Teilnehmer ist:**
>
> Nicht der Rückfall als solcher, sondern die mangelnde Bewältigung eines einzelnen Zuges einer Zigarette, das Konsumieren einer ganzen Zigarette oder einer Schachtel Zigaretten ist das Problem in der Aufrechterhaltung der Abstinenz.

Ziel der Therapie ist es daher, die Raucher frühzeitig auf die Möglichkeiten der erneuten Sicherung der Abstinenz hinzuweisen.

Der kurzfristige Rückfall darf nicht tabuisiert werden. Jeder Rückfall, auch ein »slip«, beinhaltet das Risiko, in das alte Verhaltensmuster zurückzukehren.

Aus diesem Grund sollten die Teilnehmer angehalten werden, einen persönlichen »Rückfall-Krisenplan« zu erstellen (siehe Material für die 5. Stunde). Für jede mögliche Stufe des Rückfallprozesses (nicht nur für den »slip«) sollten Ausstiegshilfen ausgearbeitet werden.

7. Feedback-Runde

Die Raucher werden wie in Woche 4 als Ex-Raucher angesprochen und in ihrer Abstinenz verstärkt. Sie sollen weiter für rückfallgefährliche Situationen, Stress, Entzugssymptome oder Versuchungssituation sensibilisiert werden.

Material für die 5. Stunde

Persönlicher Rückfall-Krisenplan

Im persönlichen Rückfall-Krisenplan sollen ausgehend vom Modell einer Rückfalldynamik über *slip* und *lapse* zum *relapse* Lösungsstrategien für den Fall eines kurzfristigen, länger dauernden oder anhaltenden Rückfalls diskutiert werden.

Verpflichtende Vereinbarung (siehe Materialien für die 3. Stunde)

Für jede Woche kann eine neue Vereinbarung herausgegeben werden.

Die Teilnehmer sollten weiter motiviert werden, eine Vereinbarung, eine Wette oder einen Vertrag mit einem Kurshelfer oder einer anderen befreundeten, nahestehenden, wenn nicht anders möglich auch mit einer neutralen Person abzuschließen. Inhalt der Vereinbarung sollten sowohl die positiven Konsequenzen des Erfolges als auch die negativen Konsequenzen im Fall eines Nichterfolges, Bedingungen der Umwandlung der antizipierten Erfolge in reale Erfolge sowie die Einlösung der negativen Konsequenzen sein.

> **Materialien, die online verfügbar sind:**
>
> ✓ Persönlicher Rückfall-Krisenplan
> ✓ Verpflichtende Vereinbarung, das Rauchen aufzugeben

Persönlicher Rückfall-Krisenplan

– Für alle Fälle –

Meine Schritte bei einem *slip* (ein oder mehrmaliges Ziehen an einer Zigarette)
- _____
- _____
- _____
- _____
- _____
- _____
- _____

Meine Schritte bei einem *lapse* (das Rauchen einer oder mehrerer Zigaretten)
- _____
- _____
- _____
- _____
- _____
- _____
- _____

Meine Schritte bei einem *relapse* (tägliches Rauchen einer oder mehrerer Zigaretten)
- _____
- _____
- _____
- _____
- _____
- _____
- _____

6. Stunde

Therapeutische Ziele

1. Stärkung der Motivation und Rückmeldung über die erreichten Ziele
2. Einsatz operanter Verstärker
3. Fortführung der Vereinbarungen, des Muskelentspannungstrainings, der Alternativverhaltensweisen und der medikamentösen Unterstützung
4. Interventionen für den Fall, dass noch geraucht wird
5. Hilfestellung zum Therapiebaustein »Rückfallprophylaxe«; Exkurs Stressmanagement
6. Feedback-Runde

In der 6. Stunde sollten alle eingeführten Techniken (Motivationsanalyse, operante Verstärkung, Stimuluskontrolle, Ablenkung, Vertragsmanagement, soziale Unterstützung durch Kurshelfer, Entspannungstechnik, Problemlösung, medikamentöse Unterstützung) nochmals zur Sprache kommen. Zusätzlich dient diese Stunde der Intensivierung der Rückfallprophylaxe.

Therapeutische Bausteine

1. Stärkung der Motivation und Rückmeldung über die erreichten Ziele

Die Bestandteile der Rückmeldung sind hinlänglich bekannt und werden nur noch stichwortartig aufgeführt:

- CO-Messung
- Positive Rückmeldung zu den bisherigen Erfolgen
- Rückbesinnung auf die Anfangsmotivation zur Abstinenz

Rückbesinnung auf die Anfangsmotivation zur Abstinenz

- Was hatte Sie bewogen, das Rauchen aufzugeben?
- Welche Vorteile stellen Sie jetzt fest?
- Welche anfänglichen Erwartungen und Wünsche haben sich erfüllt?

---

2. Einsatz operanter Verstärker

Zum Abschluss der Therapie sollten die Teilnehmer nochmals nach möglichen Belohnungen suchen, die geeignet sind, eine langfristige Abstinenz nach vier Wochen, drei, sechs oder zwölf Monaten zu verstärken.

3. Fortführung der Vereinbarungen, des Muskelentspannungstrainings, der Alternativverhaltensweisen und der medikamentösen Unterstützung

Die Kursteilnehmer sollen zum Abschluss langfristiger Vereinbarungen (über drei, sechs oder zwölf Monate) mit dem Kurshelfer ermutigt werden. Zugleich soll die Entspannungstechnik angewandt und ein positiver, persönlicher Leitsatz eingeübt werden, der in Verbindung mit der Entspannungstechnik zum Einsatz kommt.

> Überlegen Sie sich ein persönliches Motto, das in Verbindung mit dem Entspannungstraining erinnert werden und als wiederkehrender Leitgedanke in der Phase der maximalen Entspannung verwendet werden sollte.
>
> Dies könnte jeder beliebige Satz sein, der Sie in Ihrer Abstinenz bestärkt und Ihre persönliche Situation und Ihr persönliches Anliegen an die Abstinenz trifft. Beispiele könnten sein:
>
> - »Meine Stärke ist die Abstinenz« oder
> - »Ruhig und entspannt – dies gelingt mir ohne Zigarette«

Wichtig ist es, den Kursteilnehmern die Fortführung der angefangenen Nikotinersatztherapie, der medikamentösen Unterstützung und gegebenenfalls ihre schrittweise Reduzierung zu empfehlen.

> Lassen Sie sich nicht davon abbringen, die medikamentöse Unterstützung planmäßig durchzuführen. Sie sparen nichts, wenn Sie vorzeitig abbrechen, dadurch wird nur das Rückfallrisiko höher!

4. Interventionen für den Fall, dass noch geraucht wird

In ganz seltenen Fällen sind Teilnehmer noch in der sechsten Woche ohne Abstinenzerfolg. Abgesehen von der bereits erwähnten Komorbidität stehen häufig belastende Lebenssituationen einer Umsetzung des Abstinenzwunsches entgegen. In diesem Fall sollten Teilerfolge verstärkt werden – die Inhalte des Kurses können auch später noch nachwirken.

> Wenn Sie bis zum Ende des Kurses noch nicht bei Ihrem Ziel angelangt sein sollten, überprüfen Sie bitte, ob dies der geeignete Zeitpunkt zu einem Ausstieg war. Leben Sie derzeit in einer besonders belastenden Situation?
>
> Wenn Sie weiter entschlossen sind, jetzt den Aufhörversuch zu machen, wenden Sie das hier Gelernte auch über die nächsten Wochen weiter an. Treten Sie nochmals in die Selbstbeobachtungsphase ein, treffen Sie eine neue Vereinbarung, suchen Sie nach passenden Belohnungen.

5. Hilfestellung zum Therapiebaustein »Rückfallprophylaxe«[5]

Besprechen von Versuchungssituationen, gegebenenfalls Durchführung von Rollenspielen

Die Rückfallgefahr nimmt nach den ersten Wochen zwar stark ab, ein Nachlassen der Anfangsmotivation, der Gedanke, »kontrolliert« konsumieren zu können, aber auch Gewichtsprobleme, die sich in den ersten Wochen nach Beginn der Abstinenz einstellen, können den bisherigen Erfolg gefährden.

Eine erneute Motivationsanalyse, Hinweise auf die Ernährungstipps, Warnungen vor einem Versuch, kontrolliert zu rauchen, können in das Gruppengespräch aufgenommen werden.

Verfügen die Kursteilnehmer über keine oder nur wenig persönliche Erfahrung mit Rückfällen und/oder erleben sie im Rahmen des Kurses nur wenige rückfallkritische Situationen, so kann es hilfreich sein, rückfallkritische Situationen anhand von Fallbeispielen theoretisch zu bearbeiten, um daraus Strategien zur Rückfallprophylaxe abzuleiten.

Beispiel 1

S., die vor einigen Wochen mit dem Rauchen aufgehört hat, ist bei guten Freunden zu einem Grillfest im Garten eingeladen. Es ist ein wundervoller Sommerabend, es gibt hervorragendes Essen und es wird überwiegend Wein und Bier getrunken.

Die zahlreichen Gäste sind in guter Stimmung. Da kommt R., den S. sehr sympathisch findet, freudestrahlend auf sie zu und sagt: »Komm, lass uns eine rauchen!« Dabei bietet R. ihr eine Zigarette ihrer früheren Lieblingsmarke an.

Sich aus dem Beispiel ergebende Fragen

- Wie könnte sich S. in dieser Situation verhalten?
- Kennen Sie eine ähnliche Situation aus eigener Erfahrung? Welche?
- Was wäre hilfreich, wenn S. »schwach« wird und ihr Entschluss, nicht mehr zu rauchen, ins Wanken gerät?
- Angenommen, S. hat sich die Zigarette angezündet. Nach einigen Zügen, die nicht sonderlich gut schmecken, erinnert sie sich jedoch daran, dass sie eigentlich nicht mehr rauchen wollte. Was soll S. tun? Was würden Sie ihr raten?

Beispiel 2

B. hat vor einigen Wochen mit dem Rauchen aufgehört. Sie bemerkt nun, dass die Hosen ziemlich spannen und beschließt, sich wieder einmal auf die Waage zu

---

5 Für die Mitarbeit bei der Erstellung der Fallbeispiele danken wir Herrn Dr. med. Dipl.-Psych. Thomas Frittrang

stellen. Obwohl B. gar nicht so viel gegessen hat, hat sie schon wieder zwei Kilo zugenommen. Sie ist entsetzt und denkt: Bevor ich noch dicker werde, rauche ich lieber weiter ...

Sich aus dem Beispiel ergebende Fragen

- Wie denken Sie, wird sich B. in dieser Situation verhalten?
- Kennen Sie eine ähnliche Situation aus eigener Erfahrung?
- Was würden Sie B. empfehlen?

Beispiel 3

F. hat vor einigen Tagen mit dem Rauchen aufgehört. Seitdem ist er ständig gereizt, schläft schlecht und ist oft ohne ersichtlichen Grund traurig. Heute verspürt er ein besonders starkes Verlangen zu rauchen. Er kann an gar nichts anderes mehr denken, als sich endlich wieder eine Zigarette anzuzünden.

Sich aus dem Beispiel ergebende Fragen

- Kennen Sie diese Situation aus eigener Erfahrung? Wenn ja, wie sind Sie mit ihr umgegangen?
- Was würden Sie F. in dieser Situation empfehlen? Wovon würden Sie ihm abraten?
- Angenommen, Sie wollen eine Art »Notfallplan« entwickeln, der dann in Kraft tritt, wenn Sie ein starkes Rauchverlangen überfällt. Was müsste in Ihrem Notfallplan stehen?

Weitere Beispiele für rückfallgefährliche Situationen, die in einer unserer Untersuchungen zu möglichen Rückfallauslösern von vielen Rauchern angegeben wurden, sind:

- Eine Situation, in der Einsamkeit empfunden wird.
- Eine stressige Situation, die mit Anstrengung überwunden wird, ein Vorstellungsgespräch, eine Präsentation, eine Rede...
- Eine gemütliche Kaffeerunde im Café mit Personen, die zum Rauchen mit dem Hinweis auf die Gemütlichkeit des Beisammenseins animieren wollen.
- Vielleicht fällt Ihnen noch mehr ein?

Auch in der letzten Therapiestunde könnten beispielhaft einige typische Rückfallsituationen im Rollenspiel eingeübt und optimale Lösungsstrategien erarbeitet werden.

Beispiele sind im Anhang vorgegeben, zu bevorzugen ist jedoch eine Auswahl von typischen rückfallgefährdeten Situationen aus dem Erfahrungsschatz der teilnehmenden Raucher.

Zu wiederholen sind außerdem die folgenden Therapiebausteine aus vorangegangenen Therapiestunden:

- Vorbeugen einer Gewichtszunahme durch Beachtung der Ernährungstipps
- Suche nach Rauchalternativen und alternativen Freizeitbeschäftigungen

Exkurs Stressmanagement

»Stress« ist ein subjektives Gefühl der Be- oder Überlastung. Auslösend sind situative Überforderungen, das Zusammenkommen mehrerer Belastungen oder Ereignisse. Persönliche Werthaltungen, Perfektionismus oder Ansprüche an die eigene Leistungsfähigkeit können begünstigend wirken. Das Fehlen von Fertigkeiten zur Bewältigung schwieriger Situationen erzeugt weitere Gefühle der Überforderung. Rauchen wird in solchen Situationen zur Ablenkung oder Inanspruchnahme einer Auszeit ausgeübt und reduziert die Wahrnehmung von Stresssymptomen. Stresssymptome und Entzugssymptome werden ähnlich wahrgenommen – mit anderen Worten, Stress wird als Trigger zum Anzünden einer Zigarette wahrgenommen (schließlich reduziert das Rauchen ja auch Entzugssymptome…).

Die systematische Analyse von Stressoren und Stresssymptomen kann helfen, Stress systematisch zu erkennen und abzubauen – zumindest aber, nach alternativen Lösungsstrategien zu suchen, die das Rauchen ersetzen können.

Folgende Anleitung dient einer Einführung in Stressmanagement. Ein ausführliches Therapiemanual kann behilflich sein, das Thema weiter auszubauen (z. B. Günthner & Batra, 2022).

Wenn Sie den Eindruck haben, immerfort »unter Stress zu stehen«, sollten Sie sich die folgenden Fragen stellen:

- Was verursacht bei mir Stress? Was sind äußere Belastungen?
- Habe ich mir zu viel auf einmal vorgenommen?
  Mache ich mir selbst zu viel Stress?
- Habe ich die richtigen Prioritäten gesetzt?
- Welche eigenen Gedanken setzen mich unter Stress?
- Wie erlebe ich Stress?
  Was sind Symptome, die ich wahrnehme? Schlafstörungen? Ein vermehrtes Rauchverlangen? Schmerzen? Negative Gedanken? Verspannungen?
- Was kann ich ändern?
  Kann ich Belastungen abbauen?
- Sollte ich an meiner Tagesstruktur etwa verändern?
- Kann ich meine Einstellungen/Bewertungen von Situationen verändern?
- Kann ich Fertigkeiten erlernen, die mir helfen, in solchen Situationen gelassener zu werden?
- Gibt es interessante neue Lebensgewohnheiten, die ich erwerben möchte?
  Ist Sport eine Ablenkung?
  Sind Entspannungsverfahren nützlich?

- Bauen mich Kontakte zu anderen Menschen auf?
- Was könnte das Rauchen ersetzen?

6. Abschluss-Feedback

Im Vordergrund der abschließenden Feedback-Runde steht von Seiten des Therapeuten nicht die Zusammenfassung der bisher erreichten Erfolge, sondern insbesondere der Ausblick auf ein neues Leben, ein neues Selbstverständnis als Nichtraucher und damit eine Ermutigung zur aktiven und selbstbewussten Übernahme der neuen Rolle als Nichtraucher.

Nun sind Sie auf dem besten Wege, Exraucher und eines Tages »Nichtraucher« zu sein. Treten Sie auch in dieser neuen Rolle selbstbewusst auf, achten Sie dabei auf Ihre Rechte als Exraucher. Seien Sie dabei nicht »militant«, vertreten Sie fest Ihren Wunsch, Exraucher zu bleiben und lassen Sie sich nicht provozieren. Sie tragen einen Erfolg mit sich, um den Sie viele Raucher beneiden!

Gönnen Sie sich daher von Zeit zu Zeit etwas Besonderes, z. B. an Ihrem 30./60./90. Nichtrauchertag oder am ersten Jahrestag!

Und wenn es doch zu einem Rückfall kommen sollte, betrachten Sie dies nicht als Ausstieg aus der Abstinenz, sondern als lehrreiche Erfahrung, aus der Sie mit neuen Vorsätzen für eine weitere Abstinenz herausgehen!

Material für die 6. Stunde

Hier kann u.a. nochmals mit dem Material der 5. Stunde (Rückfall-Krisenplan, Verpflichtende Vereinbarung) gearbeitet werden.

Materialien, die online verfügbar sind:

- ✓ Einführung in das Stressmanagement
- ✓ Persönlicher Rückfall-Krisenplan
- ✓ Verpflichtende Vereinbarung, das Rauchen aufzugeben

Einführung in das Stressmanagement

Fragen, die Sie sich stellen sollten, um Stress zu erkennen und zu reduzieren:

A

- Was verursacht bei mir Stress? Was sind äußere Belastungen?
- Habe ich mir zu viel auf einmal vorgenommen?
- Mache ich mir selbst zu viel Stress?
- Habe ich die richtigen Prioritäten gesetzt?
- Welche eigenen Gedanken setzen mich unter Stress?

B

- Wie erlebe ich Stress?
- Was sind Symptome, die ich wahrnehme? Schlafstörungen? Ein vermehrtes Rauchverlangen? Schmerzen? Negative Gedanken? Verspannungen?

C

- Was kann ich ändern?
- Kann ich Belastungen abbauen?
- Sollte ich an meiner Tagesstruktur etwa verändern?
- Kann ich meine Einstellungen/Bewertungen von Situationen verändern?
- Kann ich Fertigkeiten erlernen, die mir helfen, in solchen Situationen gelassener zu werden?
- Gibt es interessante neue Lebensgewohnheiten, die ich erwerben möchte?
- Ist Sport eine Ablenkung?
- Sind Entspannungsverfahren nützlich?
- Bauen mich Kontakte zu anderen Menschen auf?
- Was könnte das Rauchen ersetzen?

> Die Online-Zusatzmaterialien sind unter folgendem Link für Sie verfügbar[6]:
> Link: https://dl.kohlhammer.de/978-3-17-022268-7.

---

[6] Wichtiger urheberrechtlicher Hinweis: Alle zusätzlichen Materialien, die im Download-Bereich zur Verfügung gestellt werden, sind urheberrechtlich geschützt. Ihre Verwendung ist nur zum persönlichen und nichtgewerblichen Gebrauch erlaubt. Jede Verwendung außerhalb der engen Grenzen des Urheberrechts ist ohne Zustimmung des Verlags unzulässig und strafbar. Das gilt insbesondere für Vervielfältigungen, Übersetzungen, Mikroverfilmungen und für die Einspeicherung und Verarbeitung in elektronischen Systemen.

D   Probleme in der Rauchentwöhnung

Umgang mit Rückfälligkeit

Nicht selten kommt es im Rahmen einer Raucherentwöhnungsbehandlung nach Erreichen der Abstinenz zu einem Ausrutscher *(slip* oder *lapse)* bzw. auch zur Wiederaufnahme der alten Rauchgewohnheiten *(relapse)*.

Günstig ist es, als Therapeut schon zu Beginn der Behandlung, vorzugsweise im Rahmen der Informationsvermittlung, darauf hinzuweisen, dass Rückfälle vorkommen und diese keinen Grund darstellen sollten, die Behandlung abzubrechen.

> *»Rückfälle sind kein Grund, aufzugeben. Rückfälle sind eine Chance, es künftig besser zu machen.«*

Viel eher geht es dann darum, diese als Chance zu nutzen, eigene Verhaltensmuster zu reflektieren und so einem erneuten Rückfall vorzubeugen. Wichtig ist, die Kursteilnehmer zu ermutigen, bei Rückfälligkeit oder auch bei Nichterreichen der Abstinenz das 6-Wochen-Programm komplett zu absolvieren. Denn durch die im Kurs vermittelten Methoden besteht die Chance, das eigene Rauchverhalten nachhaltig zu verändern und die Kursinhalte auch zu einem späteren, eventuell günstigeren Zeitpunkt umzusetzen.

Das frühzeitige Thematisieren eines möglichen Rückfalls erhöht die Wahrscheinlichkeit, dass ein rückfälliger Kursteilnehmer auch weiterhin in die Gruppe kommt und nicht wegen seiner – häufig mit dem Rückfall verbundenen – negativen Selbstwert- und Schamgefühle die Behandlung abbricht.

Rückfälligkeit im Rahmen der Rauchentwöhnungsbehandlung verdient Zeit zur ausführlichen Bearbeitung. Sinnvoll ist es, die Verhaltensmuster sichtbar zu machen, die im individuellen Fall zu einem Rückfall geführt haben und die in dieser Situation verhaltenswirksamen Kognitionen, Emotionen und physiologischen Wahrnehmungen ausführlich zu besprechen.

Außerdem kann es hilfreich sein, positive Bewertungen über die Rückfälligkeit anzubieten:

- Rückfälle sind Bestandteil jeder Entwicklung zur Abstinenz
- Rückfälle sind erklärbar – sie sind nicht ohne Auslöser
- Der Weg aus der Abhängigkeit braucht Zeit, Rückfälle sind eine Entwicklungschance.

Es geht letztlich darum, die rückfallförderlichen Bedingungen herauszuarbeiten.

Zu den häufigsten Rückfallgründen gehören beruflicher und privater Stress, Rauchverlangen (Entzugssymptome), Verstärkerverlust und damit verbunden das Gefühl »verlorengegangener Lebensqualität« sowie eine Gewichtszunahme. In diesem Zusammenhang spielt die Anwendung von Nikotinersatzmitteln und anderen zugelassenen Medikamenten zur Verringerung von Entzugssymptomen eine große Rolle.

Ablehnung der medikamentösen Unterstützung

Viele Kursteilnehmer stehen einer Verwendung von Nikotinersatzmitteln zunächst skeptisch gegenüber. Häufig verfügen Sie dabei über negative Vorinformationen oder haben selbst unbefriedigende Erfahrungen mit der Anwendung von Nikotinersatzmitteln gemacht. Bei genauer Nachfrage stellt sich jedoch oft heraus, dass Anwendungsfehler, insbesondere eine zu niedrige Dosierung oder eine zu kurze Anwendungsdauer, dafür verantwortlich sind. Für manche Kursteilnehmer ist es außerdem schwer nachvollziehbar, warum sie weiterhin Nikotin zu sich nehmen sollen, da dies doch die Substanz ist, von der sie abhängig sind. Dabei besteht die Befürchtung, das Rauchen durch eine andere Form der Abhängigkeit zu ersetzen. In der Auseinandersetzung mit dem Thema Anwendung von Nikotinersatzmitteln haben sich verschiedene Strategien als hilfreich erwiesen.

Misstrauen und Skepsis lassen sich gut durch reales Anschauungsmaterial (Probepackungen von Nikotinersatzmitteln) und der Möglichkeit, es erst einmal »auszuprobieren«, abbauen. Bei nachteiligen Vorerfahrungen der Kursteilnehmer ist es wichtig, im Einzelfall zu klären, was dazu geführt hat, dass jemand nicht von der Anwendung eines Nikotinersatzmittels profitieren konnte. Eine zu niedrige Dosierung beeinträchtigt meistens die Motivation, da häufig trotzdem Entzugssymptome vorhanden sind. Dies kann zu der Einschätzung führen, dass Nikotinersatz generell nutzlos ist. Eine zu kurze Anwendungsdauer begünstigt ein erhöhtes Rückfallrisiko und kann damit die Prognose, auch langfristig abstinent zu bleiben, verschlechtern. Dies wurde in mehreren Studien nachgewiesen.

Es gibt ein – wenn auch geringes – Risiko, von Nikotinkaugummi bzw. Nikotinspray abhängig zu werden. Wichtig ist es jedoch, darauf hinzuweisen, dass sich trotzdem die gesundheitlichen Vorteile des Nichtrauchens einstellen und das Risiko für Herz-Kreislauf-Erkrankungen und Krebs deutlich abnimmt.

Warum ist es sinnvoll, Nikotinersatzmittel anzuwenden?

Die wirkungsvolle Beseitigung von Entzugssymptomen soll es dem Kursteilnehmer ermöglichen, sich weitgehend beschwerdefrei mit den psychologischen Komponenten der Tabakabhängigkeit auseinanderzusetzen. Die Anwendung von Nikotinersatzmitteln über wenigstens drei Monate schafft Zeit und Raum, das Rauchen zu »verlernen« bzw. zum Rauchen alternative Verhaltensweisen und neue Rituale zu entwickeln, einzusetzen und in den Alltag zu integrieren. Grundlage hierfür ist die Entkoppelung der psychotropen Wirkungen des Nikotins vom Rauchverhalten.

Die Angst vor der Gewichtszunahme

Eine der am häufigsten genannten Befürchtungen der Teilnehmer eines Rauchentwöhnungskurses ist eine mögliche Gewichtszunahme. Diese tritt jedoch nicht zwangsläufig ein, wenn die Umstellung des Stoffwechsels während der ersten rauchfreien Wochen entsprechend berücksichtigt wird. Generell lässt sich feststellen, dass sich der Grundumsatz verringert und weniger Kalorien verbraucht werden. Einer Gewichtszunahme kann mittels einer ausgewogenen Ernährung und vermehrter sportlicher Aktivität, so wie dies im Kursprogramm thematisiert und angeregt wird, begegnet werden. Im Rahmen der Behandlung ist es hilfreich, den Fokus der Aufmerksamkeit von der Gewichtszunahme wegzulenken und sich auf den Zugewinn an Gesundheit und Fitness sowie der Verbesserung der Lebensqualität zu konzentrieren. Das bedeutet, dass eine Gewichtszunahme letztendlich immer weniger relevant ist als der durch Zigaretten verursachte Gesundheitsschaden.

Manchmal ist es hilfreich, darauf hinzuweisen, dass sich durch den Einsatz von Nikotinersatzmitteln eine mögliche Gewichtszunahme wenigstens zeitweilig reduzieren lässt. Dies erhöht häufig die Akzeptanz von Nikotinersatzmitteln und vermindert gleichzeitig die Angst vor einer »unkontrollierten« Gewichtszunahme, insbesondere bei den Kursteilnehmern, die erst wieder (neu) lernen müssen, vermehrt sportlich aktiv zu werden oder ihre Essgewohnheiten dieser neuen Lebensperspektive anzupassen.

Mitunter ist es nützlich, im Kurs gedanklich das Szenario durchzuspielen, was es letztlich bedeuten würde, bis ans Lebensende weiter rauchen zu müssen, nur um das Risiko nicht einzugehen, vielleicht etwas an Gewicht zuzulegen. Hier wird meistens sehr schnell deutlich, wie absurd es wäre, trotz der Beeinträchtigungen, die sich daraus ergeben, weiter zu rauchen.

Mangelnder Einsatz von Belohnungen

Ein wichtiger Therapiebaustein des Programms ist der Einsatz operanter Verstärker. Der erfolgreiche Rauchstopp ist zu Beginn der Behandlung und in definierten Zeitabständen zu belohnen, das Nichterreichen bzw. die Verletzung der Abstinenz können bestraft werden. Dabei fällt es vielen Kursteilnehmern leichter, sich für einen Misserfolg zu bestrafen, nach dem Motto »Strafe muss sein«, als sich für ihre Erfolge zu belohnen. Hierbei ist es wichtig zu verdeutlichen, dass die angenehmen Konsequenzen eines Verhaltens seine Auftrittswahrscheinlichkeit erhöhen.

Der Stolz, das Abstinenzziel erreicht zu haben, ist in der Anfangszeit ein wichtiger Verstärker, sollte jedoch unbedingt durch andere Belohnungen ergänzt werden. Am wirksamsten sind hierbei für die Person wertvolle (materielle) Verstärker, die auch langfristig zum Symbol für den eigenen Erfolg werden können. Einigen Kursteilnehmern fällt es sehr schwer, hier etwas Geeignetes zu finden.

Erschwerend kommt hinzu, dass das Rauchen häufig selbst als leicht verfügbare und schnell wirkende Belohnung eingesetzt wurde, z. B. nach Feierabend als Belohnung für den anstrengenden Arbeitstag oder nach Bewältigung einer schwierigen Aufgabe. Hier einen entsprechenden Ersatz zu finden, löst mitunter eine gewisse Ratlosigkeit bei allen Kursteilnehmern aus.

Fällt es einem oder mehreren Kursteilnehmern sehr schwer, Belohnungen für sich selbst zu finden, so empfiehlt es sich eine Liste zu haben, auf der zahlreiche angenehme Tätigkeiten aufgeführt sind. Hausaufgabe sollte dann sein, Beispiele aus dieser Liste als mögliche Belohnung auszuprobieren.

Ablehnung von sozialen Kontrakten

Viele Raucher in der Entwöhnungsgruppe lehnen die Einbeziehung von sozialen Kontrakten ab. Sie fürchten eine zu starke Kontrolle, einen Autonomieverlust oder aber auch einen Selbstwertverlust im Falle eines Scheiterns.

Es unterliegt der Kunst des Therapeuten zu vermitteln, dass der soziale Kontrakt eine Möglichkeit der Selbstkontrolle darstellt. Er soll nicht nur sichern helfen, dass die Vereinbarungen eingehalten werden. Er soll auch garantieren, dass positive Konsequenzen eines abstinenten Lebens in Anspruch genommen werden. Die soziale Verstärkung spielt eine wesentliche Rolle bei der Aufrechterhaltung des Raucherdaseins, in gleicher Weise sollte die soziale Verstärkung auch bei der Bewältigung der Abstinenz genutzt werden.

Im Fall eines zu starken Widerstandes in der Gruppe könnte ein einzelnes Beispiel zur Veranschaulichung dienen, wie wenig Bedenken die Raucher eigentlich haben sollten. Ein Protagonist aus der Gruppe könnte eine mögliche Konstellation oder einen möglichen sozialen Kontrakt vorstellen, dieser könnte in der Gruppe unter Einbeziehung aller Mitglieder der Gruppe ausgearbeitet werden.

Scheitern der Selbstbeobachtung

Das Scheitern der Selbstbeobachtungsphase kann als ein früher Hinweis auf eine mangelnde Motivation des Rauchers zur Teilnahme an einer Rauchentwöhnungsbehandlung gewertet werden.

In diesen Fällen ist es offensichtlich nicht gelungen, die Notwendigkeit einer aktiven Auseinandersetzung mit der Problematik des Rauchens zu verdeutlichen. Entweder ist die Motivation zu schwach, die Einsicht in die Schwere der Problematik zu gering oder aber der Wunsch nach einer externen Lösung zu groß.

Zwar kann die medikamentöse Unterstützung verstärkt angeboten werden, auf alle Fälle bietet es sich hier jedoch an, entweder direkt oder aber zu einem späteren Zeitpunkt die Motivation des Teilnehmers zu überprüfen und gegebenenfalls erneut in die Motivationsarbeit einzusteigen.

Anhang

Übersicht der Materialien des Anhangs, die auch online verfügbar sind:

- ✓ Informationen zur Verwendung von Nikotinpflaster
- ✓ Informationen zur Verwendung von Nikotinkaugummi
- ✓ Informationen zur Verwendung von Nikotinlutschtabletten
- ✓ Informationen zur Verwendung von Nikotinnasalspray
- ✓ Informationen zur Verwendung von Nikotinmundspray
- ✓ Informationen zur Verwendung von Bupropion (Zyban®)
- ✓ Informationen zur Verwendung von Cytisin (Asmoken®)
- ✓ Informationen zur Verwendung von Vareniclin (Champix®)

Informationen zur Verwendung von Nikotinpflaster

Liebe/r entwöhnungswillige/r Raucher/in,
die hier gegebenen Informationen zur Verwendung von Nikotinersatzmitteln beinhalten Auszüge aus den Gebrauchsinformationen, die von den pharmazeutischen Herstellern dieser Produkte gegeben werden.

Wir bitten Sie zu berücksichtigen, dass diese Darstellung keinen Anspruch auf Vollständigkeit der Informationen erhebt, und möchten Sie darauf hinweisen, bei der Verwendung von Nikotinersatzmitteln die dem jeweiligen Produkt beiliegende Gebrauchsinformation aufmerksam zu lesen.

Anwendungsbereich
Zur Unterstützung bei der Tabakentwöhnung unter ärztlicher Betreuung oder im Rahmen von Tabakentwöhnungsprogrammen.

Hinweis
Mit Beginn und während der Behandlung mit Nikotinpflastern ist das Rauchen nach Möglichkeit völlig einzustellen sowie auch jede weitere Nikotinzufuhr (Schnupftabak, Kautabak) zu vermeiden, da es sonst vermehrt zu unerwünschten Wirkungen kommen kann.

Anwendungsmöglichkeiten und empfohlene Dosierung
Nikotinpflaster sind derzeit in zwei verschiedenen Anwendungsformen erhältlich, als 16-Stunden-Pflaster und als 24-Stunden-Pflaster. Zu jeder Anwendungsform gibt es jeweils drei verschiedene Dosierungsmöglichkeiten. Beim 16-Stundenpflaster beinhaltet das stärkste Pflaster 39,4 mg, das mittlere 23,6 mg und das schwächste 15,8 mg Nikotin, welches über 16 Stunden hinweg nicht ganz vollständig über die Haut aufgenommen wird. Das 24-Stunden-Pflaster enthält entsprechend 52,5 mg, 35 mg und 17,5 mg Nikotin.

In der 1. Phase der Rauchentwöhnung (d.h. während der ersten 4–6 Wochen) wird bei Rauchern bei einem durchschnittlich hohen Tageszigarettenkonsum täglich ein 16- oder 24-Stunden-Pflaster mit der höchsten Dosierung verwendet. In der darauffolgenden Phase von 2–4 Wochen sollte täglich ein Pflaster der mittleren Dosierung und in der letzten Phase, für weitere 2–4 Wochen täglich ein Pflaster mit der geringsten Dosis Nikotin angewendet werden.

Täglich, am besten morgens unmittelbar nach dem Aufstehen, wird ein Pflaster nach Entfernen der Schutzfolie auf eine saubere, trockene und unverletzte Hautstelle an Rumpf, Oberarm oder Hüfte aufgeklebt und fest für 10–20 Sek. auf die Haut gedrückt.

Gegenanzeigen/Anwendungsbeschränkungen

Nikotinpflaster sollten bei Krankheiten und Umständen, bei denen der allgemein zu erwartende Nutzen in keinem günstigen Verhältnis zu einem möglichen Schaden steht, nicht angewendet werden.

Bei der Anwendung von Nikotinpflastern gilt dies für folgende Erkrankungen: frischer Herzinfarkt, schwere Herzrhythmusstörungen, vor kurzem aufgetretener Schlaganfall, sich verschlechternde Verengung der Herzkranzgefäße, Überempfindlichkeit der Haut gegen Nikotin, chronisch generalisierte Hauterkrankungen wie Schuppenflechte, chronische Hautentzündungen und Nesselsucht.

Bei Vorliegen folgender Erkrankungen sollte Nikotinkaugummi mit besonderer Vorsicht und in Rücksprache mit dem Arzt angewendet werden: stabile Verengung der Herzkranzgefäße (Angina pectoris), stark erhöhter Blutdruck, Hirngefäßerkrankungen, Durchblutungsstörungen an Armen und Beinen, schwere Herzschwäche, Überfunktion der Schilddrüse, insulinpflichtige Zuckerkrankheit (Diabetes mellitus), akute Magen- und Darmgeschwüre, schwere Leber- oder Nierenschäden, Tumore des Nebennierenmarkes (Phäochromozytom). Auch bei Personen unter 18 Jahren sollte Nikotinkaugummi nur in Rücksprache mit dem Arzt angewendet werden.

Schwangerschaft und Stillzeit

Rauchen ist für die Mutter und das ungeborene Kind gesundheitsschädigend. Die Folgen können sein: ein niedriges Geburtsgewicht, ein erhöhtes Risiko einer Fehlgeburt sowie eine erhöhte Säuglingssterblichkeit. Nikotin geht auch in die Muttermilch über und wird vom Säugling aufgenommen. Generell sollte daher während der Schwangerschaft nicht geraucht und auf Nikotin verzichtet werden.

Schwangere Raucherinnen sollten daher unbedingt versuchen, das Rauchen ohne Unterstützung durch nikotinhaltige Medikamente aufzugeben. Wenn dies allerdings nicht gelingt und die Gefahr des Weiterrauchens besteht, sollte in Absprache mit dem Arzt eine Behandlung mit Nikotinersatzmitteln in Betracht gezogen werden.

Nebenwirkungen

Es können grundsätzlich ähnliche Nikotinnebenwirkungen wie beim Rauchen auftreten (Kopfschmerz, Schwindel, Übelkeit, Herzrasen, vorübergehende leichte Blutdrucksteigerung). Über folgende unerwünschte Wirkungen wurde in klinischen Studien oder in Nebenwirkungsmeldungen speziell für das Hautpflaster berichtet:

Die häufigsten unerwünschten Wirkungen des nikotinhaltigen Pflasters sind Hauterscheinungen an der Aufklebestelle.

Gelegentlich: Hautrötungen, Schwellungen an der Aufklebestelle, Juckreiz, Hautausschlag.

In Einzelfällen: Brennen an der Aufklebestelle. Diese Hautreaktionen können besonders in den ersten Wochen auftreten. Sie sind meist leichter Natur und verschwinden im Allgemeinen innerhalb eines Tages nach Entfernen des Nikotinpflasters. Bleiben die Hautreaktionen bestehen, sollte die Behandlung abgebrochen werden. Bei bekannter Allergie gegen Heftpflaster sollte während der ersten Behandlungstage besonders auf das Auftreten von Hautreaktionen geachtet werden.

> Die Störungen des Nervensystems und des Magen-Darm-Traktes können auch Entzugssymptome aufgrund einer zu geringen Nikotinzufuhr sein!

Wechselwirkungen
Die Wirkungen mancher Arzneimittel können durch gleichzeitige Anwendung anderer Mittel beeinflusst werden. Rauchen kann wegen bestimmter anderer im Rauch enthaltener Bestandteile die Wirkungen einer Reihe von Arzneimitteln verändern. Daher sollte in Rücksprache mit dem Arzt oder Apotheker geklärt werden, ob unter Umständen mit Unverträglichkeiten zu rechnen ist oder ob besondere Maßnahmen, wie z. B. eine neue Dosisfestsetzung, erforderlich sein werden. Dies gilt insbesondere bei Psychopharmaka, Antihypertonika, Magenschutzmittel, Insulin und vielen mehr.

Überdosierung und andere Anwendungsfehler
Die Symptome von Überdosierungen sind ähnlich denen, die beim exzessiven Rauchen auftreten: Schwindel, Mattigkeit, Übelkeit, kalter Schweiß, Erbrechen und Durchfall. Bei Vergiftungen durch eine Überdosierung (z. B., wenn mehrere Pflaster gleichzeitig verwendet werden) oder durch Anwendung bei Kindern können weitere Symptome wie Blutdruck- und Temperaturabfall, Atemnot, Hör- und Sehstörungen, schwacher und unregelmäßiger Puls sowie Krämpfe auftreten. Bei Anzeichen von Überdosierung sollte die Anwendung des Nikotinpflasters sofort beendet werden. Die Symptome verschwinden mit sinkendem Nikotinspiegel im Blut innerhalb weniger Stunden. Bei schweren Vergiftungen müssen sofort Notfallmaßnahmen ergriffen und ein Arzt aufgesucht werden.

Vorsichtsmaßnahmen für die Anwendung und Warnhinweise
Während der Behandlung mit dem Nikotinpflaster sollte nicht geraucht oder auf andere Weise Nikotin aufgenommen werden, damit es nicht zu Überdosierungen kommt. Nikotin ist eine für Nichtraucher und Kinder hochgiftige Substanz. Auch eine Dosierung, die für Erwachsene gut verträglich ist, kann bei kleinen Kindern zu schweren Vergiftungserscheinungen führen, d. h. das spielerische Aufkleben eines Pflasters kann, wenn es nicht rechtzeitig bemerkt wird, für Kinder tödlich sein. Deshalb müssen Nikotinpflaster jederzeit für Kinder unerreichbar aufbewahrt werden. Da die Pflaster auch nach Gebrauch noch Nikotin enthalten können, müssen sie so beseitigt werden, dass sie unter keinen Umständen in die Hand eines Kindes gelangen können.

Informationen zur Verwendung von Nikotinkaugummi

Liebe/r entwöhnungswillige/r Raucher/in,
die hier gegebenen Informationen zur Verwendung von Nikotinersatzmitteln beinhalten Auszüge aus den Gebrauchsinformationen, die von den pharmazeutischen Herstellern dieser Produkte gegeben werden.

Wir bitten Sie zu berücksichtigen, dass diese Darstellung keinen Anspruch auf Vollständigkeit der Informationen erhebt, und möchten Sie darauf hinweisen, bei der Verwendung von Nikotinersatzmitteln die dem jeweiligen Produkt beiliegende Gebrauchsinformation aufmerksam zu lesen.

Anwendungsbereich
Zur Unterstützung bei der Tabakentwöhnung unter ärztlicher Betreuung oder im Rahmen von Tabakentwöhnungsprogrammen.

Hinweis
Mit Beginn und während der Behandlung mit Nikotinkaugummis ist das Rauchen nach Möglichkeit völlig einzustellen sowie auch jede weitere Nikotinzufuhr (Schnupftabak, Kautabak) zu vermeiden, da es sonst vermehrt zu unerwünschten Wirkungen kommen kann.

Anwendungsmöglichkeiten und empfohlene Dosierung
Nikotinkaugummis sind in zwei verschiedenen Dosierungen erhältlich, als 2-mg- oder als 4-mg-Kaugummi.

Die erforderliche Anfangsdosierung richtet sich zunächst nach dem individuellen Bedarf zur Linderung der Entzugserscheinungen. Es wird folgende Dosierung empfohlen: ein 4 mg-Kaugummi pro Stunde, maximal 16 Stück am Tag. Dies gilt besonders für Raucher, die stärker nikotinabhängig sind (Ein Raucher kann als stärker nikotinabhängig gelten, wenn sie/er die erste Zigarette innerhalb von 30 Minuten nach dem Aufstehen und mehr als 20 Zigaretten am Tag raucht) und für Raucher, die mit einem 2 mg-Kaugummi weiterhin unter Entzugssymptomen litten.

Ein Nikotinkaugummi sollte über etwa 30 Minuten langsam gekaut werden, um das gesamte Nikotin aus der Kaumasse zu lösen. Dabei wird das Nikotin vorwiegend über die Mundschleimhaut in den Körper aufgenommen. Es sollte vermieden werden, das Kaugummi schnell oder intensiv zu kauen, damit das Nikotin nicht zu schnell aus der Kaumasse freigesetzt wird.

Nach 4–6 Wochen empfiehlt es sich, die tägliche Anzahl der Kaugummis allmählich zu verringern, z. B., indem der Kaugummi in immer größeren zeitlichen

Abständen gekaut wird. Der erste Absetzversuch sollte unternommen werden, wenn der durchschnittliche Tagesverbrauch während der vorausgegangenen Woche bei 1–2 Kaugummis lag. Eine länger als sechs Monate dauernde Behandlung wird im Allgemeinen nicht empfohlen.

Gegenanzeigen/Anwendungsbeschränkungen
Nikotinkaugummis sollten bei Krankheiten und Umständen, bei denen der allgemein zu erwartende Nutzen in keinem günstigen Verhältnis zu einem möglichen Schaden steht, nicht angewendet werden.

Bei der Anwendung von Nikotinkaugummi gilt dies für folgende Erkrankungen: frischer Herzinfarkt, schwere Herzrhythmusstörungen, vor kurzem aufgetretener Schlaganfall, sich verschlechternde Verengung der Herzkranzgefäße.

Bei Vorliegen folgender Erkrankungen sollte Nikotinkaugummi mit besonderer Vorsicht und in Rücksprache mit dem Arzt angewendet werden: stabile Verengung der Herzkranzgefäße (Angina pectoris), stark erhöhter Blutdruck, Hirngefäßerkrankungen, Durchblutungsstörungen an Armen und Beinen, schwere Herzschwäche, Überfunktion der Schilddrüse, insulinpflichtige Zuckerkrankheit (Diabetes mellitus), akute Magen- und Darmgeschwüre, schwere Leber- oder Nierenschäden, Tumore des Nebennierenmarkes (Phäochromozytom). Auch bei Personen unter 18 Jahren sollte Nikotinkaugummi nur in Rücksprache mit dem Arzt angewendet werden.

Schwangerschaft und Stillzeit
Rauchen ist für die Mutter und das ungeborene Kind gesundheitsschädigend. Die Folgen können sein: ein niedriges Geburtsgewicht, ein erhöhtes Risiko einer Fehlgeburt sowie eine erhöhte Säuglingssterblichkeit. Nikotin geht auch in die Muttermilch über und wird vom Säugling aufgenommen. Generell sollte daher während der Schwangerschaft nicht geraucht und auf Nikotin verzichtet werden.

Schwangere Raucherinnen sollten deshalb unbedingt versuchen, das Rauchen ohne Unterstützung durch nikotinhaltige Medikamente aufzugeben. Nur wenn das nicht gelingt und die Gefahr des Weiterrauchens besteht, sollte in Absprache mit dem Arzt eine Behandlung mit Nikotinersatzmitteln in Betracht gezogen werden.

Nebenwirkungen
Es können grundsätzlich ähnliche Nikotinnebenwirkungen wie beim Rauchen auftreten (Kopfschmerz, Schwindel, Übelkeit, Herzrasen, vorübergehende leichte Blutdrucksteigerung). Über folgende unerwünschte Wirkungen wurde in klinischen Studien oder in Nebenwirkungsmeldungen berichtet:

Die häufigsten spezifischen unerwünschten Wirkungen des nikotinhaltigen Kaugummis sind *örtliche Nebenwirkungen:* Reizungen im Mund- und Rachenbereich, Schmerzen in den Kaumuskeln, Aphten in der Mundschleimhaut. Der Kaugummi kann am Zahnersatz anhaften und diesen beschädigen.

Wechselwirkungen
Die Wirkungen mancher Arzneimittel können durch gleichzeitige Anwendung anderer Mittel beeinflusst werden. Rauchen kann wegen bestimmter anderer im

Rauch enthaltener Bestandteile die Wirkungen einer Reihe von Arzneimitteln verändern. Daher sollte in Rücksprache mit dem Arzt oder Apotheker geklärt werden, ob unter Umständen mit Unverträglichkeiten zu rechnen ist oder ob besondere Maßnahmen, wie z. B. eine neue Dosisfestsetzung, erforderlich sein werden. Dies gilt insbesondere bei Psychopharmaka, Antihypertonika, Magenschutzmittel, Insulin und vielen mehr.

Überdosierung und andere Anwendungsfehler
Die Symptome von Überdosierungen sind ähnlich denen, die beim exzessiven Rauchen auftreten: Schwindel, Mattigkeit, Übelkeit, kalter Schweiß, Erbrechen und Durchfall. Bei Vergiftungen durch eine Überdosierung (z. B., wenn mehrere Kaugummis gleichzeitig oder in kurzer Folge verwendet werden) oder durch Anwendung bei Kindern können weitere Symptome wie Blutdruck- und Temperaturabfall, Atemnot, Hör- und Sehstörungen, schwacher und unregelmäßiger Puls sowie Krämpfe auftreten. Bei Anzeichen von Überdosierung sollte die Anwendung des Nikotinkaugummis sofort beendet werden. Die Symptome verschwinden mit sinkendem Nikotinspiegel im Blut innerhalb weniger Stunden. Bei schweren Vergiftungen müssen sofort Notfallmaßnahmen ergriffen und ein Arzt aufgesucht werden.

Vorsichtsmaßnahmen für die Anwendung und Warnhinweise
Gebissträger können wegen der Haftfähigkeit des Nikotinkaugummis Schwierigkeiten beim Kauen haben, so dass es in manchen Fällen nicht möglich ist, ihn anzuwenden. Nicht einwandfrei festsitzende Zahnplomben oder Inlays können sich beim Kauen des Kaugummis weiter lockern.

Nikotin ist eine für Nichtraucher und Kinder hochgiftige Substanz. Auch eine Dosierung, die für Erwachsene gut verträglich ist, kann bei kleinen Kindern zu schweren Vergiftungserscheinungen führen, d. h., die Einnahme von Nikotinkaugummi kann, wenn es nicht rechtzeitig bemerkt wird, für Kinder lebensbedrohlich sein. Deshalb müssen Nikotinkaugummis jederzeit für Kinder unerreichbar aufbewahrt werden.

Informationen zur Verwendung von Nikotinlutschtabletten

Liebe/r entwöhnungswillige/r Raucher/in,

die hier gegebenen Informationen zur Verwendung von Nikotinersatzmitteln beinhalten Auszüge aus den Gebrauchsinformationen, die von den pharmazeutischen Herstellern dieser Produkte gegeben werden.

Wir bitten Sie zu berücksichtigen, dass diese Darstellung keinen Anspruch auf Vollständigkeit der Informationen erhebt, und möchten Sie darauf hinweisen, bei der Verwendung von Nikotinersatzmitteln die dem jeweiligen Produkt beiliegende Gebrauchsinformation aufmerksam zu lesen.

Anwendungsbereich
Zur Unterstützung bei der Tabakentwöhnung unter ärztlicher Betreuung oder im Rahmen von Tabakentwöhnungsprogrammen.

Hinweis
Mit Beginn und während der Behandlung mit Nikotinlutschtabletten ist das Rauchen nach Möglichkeit völlig einzustellen sowie auch jede weitere Nikotinzufuhr (Schnupftabak, Kautabak) zu vermeiden, da es sonst vermehrt zu unerwünschten Wirkungen kommen kann.

Anwendungsmöglichkeiten und empfohlene Dosierung
Nikotinlutschtabletten sind in zwei verschiedenen Dosierungen erhältlich, mit 2 mg oder 4 mg Inhaltsstoff.

Die erforderliche Anfangsdosierung richtet sich zunächst nach dem individuellen Bedarf zur Linderung der Entzugserscheinungen. Starke Raucher sollten 4-mg-Tabletten einsetzen, weniger starke Raucher die 2-mg-Version. Die maximale Dosierung sollte nicht höher als 15 Tabletten pro Tag betragen.

Die Tabletten zergehen langsam innerhalb von 15–30 Minuten im Mund. Sie sollten nicht gekaut oder geschluckt werden.

Nach 4–6 Wochen empfiehlt es sich, die tägliche Anzahl der Tabletten allmählich zu verringern, z. B., indem die Tabletten in immer größeren zeitlichen Abständen angewendet werden. Der erste Absetzversuch sollte unternommen werden, wenn der durchschnittliche Tagesverbrauch während der vorausgegangenen Woche bei 1–2 Tabletten lag. Nach 10–12 Wochen sollte der Tablettenkonsum beendet worden sein, in Ausnahmefällen kann auch danach noch in Situationen mit starkem Rauchverlangen eine Nikotintablette verwendet werden. Eine länger als sechs Monate dauernde Behandlung wird im Allgemeinen nicht empfohlen.

Gegenanzeigen/Anwendungsbeschränkungen
Nikotinlutschtabletten sollten bei Krankheiten und Umständen, bei denen der allgemein zu erwartende Nutzen in keinem günstigen Verhältnis zu einem möglichen Schaden steht, nicht angewendet werden.

Bei der Anwendung von Nikotinlutschtabletten gilt dies für folgende Erkrankungen: frischer Herzinfarkt, schwere Herzrhythmusstörungen, vor kurzem aufgetretener Schlaganfall, sich verschlechternde Verengung der Herzkranzgefäße.

Bei Vorliegen folgender Erkrankungen sollten Nikotinlutschtabletten mit besonderer Vorsicht und in Rücksprache mit dem Arzt angewendet werden: stabile Verengung der Herzkranzgefäße (Angina pectoris), stark erhöhter Blutdruck, Hirngefäßerkrankungen, Durchblutungsstörungen an Armen und Beinen, schwere Herzschwäche, Überfunktion der Schilddrüse, insulinpflichtige Zuckerkrankheit (Diabetes mellitus), akute Magen- und Darmgeschwüre, schwere Leber- oder Nierenschäden, Tumore des Nebennierenmarkes (Phäochromozytom). Auch bei Personen unter 18 Jahren sollten Nikotinlutschtabletten nur in Rücksprache mit dem Arzt angewendet werden.

Schwangerschaft und Stillzeit
Rauchen ist für die Mutter und das ungeborene Kind gesundheitsschädigend. Die Folgen können sein: ein niedriges Geburtsgewicht, ein erhöhtes Risiko einer Fehlgeburt sowie eine erhöhte Säuglingssterblichkeit. Nikotin geht auch in die Muttermilch über und wird vom Säugling aufgenommen. Generell sollte daher während der Schwangerschaft nicht geraucht und auf Nikotin verzichtet werden.

Schwangere Raucherinnen sollten deshalb unbedingt versuchen, das Rauchen ohne Unterstützung durch nikotinhaltige Medikamente aufzugeben. Nur wenn das nicht gelingt und die Gefahr des Weiterrauchens besteht, sollte in Absprache mit dem Arzt eine Behandlung mit Nikotinersatzmitteln in Betracht gezogen werden.

Nebenwirkungen
Es können grundsätzlich ähnliche Nikotinnebenwirkungen wie beim Rauchen auftreten (Kopfschmerz, Schwindel, Übelkeit, Herzrasen, vorübergehende leichte Blutdrucksteigerung). Über folgende unerwünschte Wirkungen wurde in klinischen Studien oder in Nebenwirkungsmeldungen berichtet:

Die häufigsten spezifischen unerwünschten Wirkungen der nikotinhaltigen Lutschtabletten sind *örtliche Nebenwirkungen*: Reizungen im Mund- und Rachenbereich, Aphten in der Mundschleimhaut.

Wechselwirkungen
Die Wirkungen mancher Arzneimittel können durch gleichzeitige Anwendung anderer Mittel beeinflusst werden. Rauchen kann wegen bestimmter anderer im Rauch enthaltener Bestandteile die Wirkungen einer Reihe von Arzneimitteln verändern. Daher sollte in Rücksprache mit dem Arzt oder Apotheker geklärt werden, ob unter Umständen mit Unverträglichkeiten zu rechnen ist oder ob besondere Maßnahmen, wie z. B. eine neue Dosisfestsetzung, erforderlich sein werden. Dies gilt insbesondere bei Psychopharmaka, Antihypertonika, Magenschutzmittel, Insulin und vielen mehr.

Überdosierung und andere Anwendungsfehler
Die Symptome von Überdosierungen sind ähnlich denen, die beim exzessiven Rauchen auftreten: Schwindel, Mattigkeit, Übelkeit, kalter Schweiß, Erbrechen und Durchfall. Bei Vergiftungen durch eine Überdosierung (z.B., wenn mehrere Lutschtabletten gleichzeitig verwendet werden) oder durch Anwendung bei Kindern können weitere Symptome wie Blutdruck- und Temperaturabfall, Atemnot, Hör- und Sehstörungen, schwacher und unregelmäßiger Puls sowie Krämpfe auftreten. Bei Anzeichen von Überdosierung sollte die Anwendung der Nikotinlutschtabletten sofort beendet werden. Die Symptome verschwinden mit sinkendem Nikotinspiegel im Blut innerhalb weniger Stunden. Bei schweren Vergiftungen müssen sofort Notfallmaßnahmen ergriffen und ein Arzt aufgesucht werden.

Vorsichtsmaßnahmen für die Anwendung und Warnhinweise
Nikotin ist eine für Nichtraucher und Kinder hochgiftige Substanz. Auch eine Dosierung, die für Erwachsene gut verträglich ist, kann bei kleinen Kindern zu schweren Vergiftungserscheinungen führen, d.h. die Einnahme von Nikotinlutschlabletten kann, wenn sie nicht rechtzeitig bemerkt wird, für Kinder lebensbedrohlich sein. Deshalb müssen Nikotinlutschtabletten jederzeit für Kinder unerreichbar aufbewahrt werden.

Informationen zur Verwendung von Nikotinnasalspray

Hinweis: Nikotinnasalspray war in Deutschland für die Behandlung abhängiger Raucher zugelassen, ist jedoch nicht im Handel und muss daher über eine internationale Apotheke bezogen werden!

Liebe/r entwöhnungswillige/r Raucher/in,

die hier gegebenen Informationen zur Verwendung von Nikotinersatzmitteln beinhalten Auszüge aus den Gebrauchsinformationen, die von den pharmazeutischen Herstellern dieser Produkte gegeben werden.

Wir bitten Sie zu berücksichtigen, dass diese Darstellung keinen Anspruch auf Vollständigkeit der Informationen erhebt, und möchten Sie darauf hinweisen, bei der Verwendung von Nikotinersatzmitteln die dem jeweiligen Produkt beiliegende Gebrauchsinformation aufmerksam zu lesen.

Anwendungsbereich
Zur Unterstützung bei der Tabakentwöhnung unter ärztlicher Betreuung oder im Rahmen von Tabakentwöhnungsprogrammen.

Hinweis
Mit Beginn und während der Behandlung mit Nikotinnasalspray ist das Rauchen vollständig einzustellen sowie jede weitere Nikotinzufuhr (z.B. Schnupftabak, Kautabak) zu vermeiden, da es sonst vermehrt zu unerwünschten Wirkungen kommen kann. Unter anderem können schwere Herz-Kreislaufreaktionen bis zum Herzinfarkt auftreten.

Dosierungsmöglichkeiten und empfohlene Dosierung
Eine Sprühanwendung besteht aus 1 Sprühstoß (50 µl mit 0,5 mg Nikotin) in jedes Nasenloch, insgesamt also 2 Sprühstößen (= 1 mg Nikotin). Bei Rauchverlangen 1–2, aber nicht mehr als 3 Sprühanwendungen pro Stunde einsetzen. Während der ersten 3 Monate sollte das Spray in dieser Dosierung angewendet werden. Während der folgenden 6–8 Wochen sollte die tägliche Dosis dann langsam reduziert werden, indem das Spray in immer größeren zeitlichen Abständen bis zum völligen Absetzen angewendet wird.

Gegenanzeigen
Nikotinnasalspray sollte von Nichtrauchern, Jugendlichen unter 18 Jahren und bei folgenden Erkrankungen nicht angewendet werden: frischer Herzinfarkt, schwere Herzrhythmusstörungen, vor kurzem aufgetretener Schlaganfall, sich verschlech-

ternde Verengung der Herzkranzgefäße, Nasenbluten und chronische Nasenerkrankungen.

Anwendungsbeschränkungen
Bei Vorliegen folgender Erkrankungen sollte Nikotinnasalspray mit besonderer Vorsicht und in Rücksprache mit dem Arzt angewendet werden: stabile Verengung der Herzkranzgefäße, stark erhöhter Blutdruck, Hirngefäßerkrankungen, Durchblutungsstörungen an Armen und Beinen, schwere Herzschwäche, Überfunktion der Schilddrüse, Zuckerkrankheit (Diabetes mellitus), akute Magen- und Darmgeschwüre, schwere Leber- oder Nierenschäden, Tumore des Nebennierenmarkes (Phäochromozytom).

Schwangerschaft und Stillzeit
Rauchen ist für die Mutter und das ungeborene Kind gesundheitsschädigend. Die Folgen können sein: ein niedriges Geburtsgewicht, ein erhöhtes Risiko einer Fehlgeburt sowie eine erhöhte Säuglingssterblichkeit. Nikotin geht auch in die Muttermilch über und wird vom Säugling aufgenommen. Generell sollte daher während der Schwangerschaft nicht geraucht und auf Nikotin verzichtet werden.

Schwangere Raucherinnen sollten unbedingt versuchen, das Rauchen ohne Unterstützung durch nikotinhaltige Medikamente aufzugeben. Nur wenn das nicht gelingt und die Gefahr des Weiterrauchens besteht, sollte in Absprache mit dem Arzt eine Behandlung mit Nikotinersatzmitteln in Betracht gezogen werden.

Nebenwirkungen
Die zu erwartenden Nikotinnebenwirkungen sind geringer als nach dem Rauchen einer mittelstarken Zigarette. In klinischen Studien traten zu Beginn der Behandlung häufig lokale unerwünschte Erscheinungen wie Nasenreizungen, Nasenlaufen und Niesen auf, die jedoch im Laufe der Behandlung abnahmen. Außerdem wurden folgende Nebenwirkungen beobachtet: *Häufig:* Schnupfen (Rhinitis). *Gelegentlich:* Kopfkribbeln, Nasenbluten, Rachenentzündungen (Pharyngitis), Halsreizungen, wunde (empfindliche) Nase, Gehörempfindungen, Kopfschmerzen, Verdauungsstörungen, vermehrter Harndrang.

Wechselwirkungen
Die Wirkungen mancher Arzneimittel können durch gleichzeitige Anwendung anderer Mittel beeinflusst werden. Rauchen kann wegen bestimmter anderer im Rauch enthaltener Bestandteile die Wirkungen einer Reihe von Arzneimitteln verändern. Daher sollte in Rücksprache mit dem Arzt oder Apotheker geklärt werden, ob unter Umständen mit Unverträglichkeiten zu rechnen ist oder ob besondere Maßnahmen, wie z. B. eine neue Dosisfestsetzung, erforderlich sein werden. Dies gilt insbesondere bei Psychopharmaka, Antihypertonika, Magenschutzmittel, Insulin und vielen mehr.

Überdosierung und andere Anwendungsfehler
Überdosierungen können vorkommen, wenn während der Behandlung mit Nikotinnasalspray gleichzeitig geraucht oder in anderer Form zusätzlich Nikotin aufge-

nommen wird. Die Symptome von Überdosierungen sind ähnlich denen, die beim exzessiven Rauchen durch Nikotinvergiftung auftreten: Schwindel, Mattigkeit, Übelkeit, kalter Schweiß, Erbrechen und Durchfall. Bei schweren Vergiftungen können weitere Symptome wie Blutdruck- und Temperaturabfall, Atemnot, Hör- und Sehstörungen, schwacher und unregelmäßiger Puls sowie Krämpfe auftreten. Bei Anzeichen von Überdosierung muss jede Nikotinzufuhr sofort beendet werden. Bei schweren Vergiftungen müssen sofort Notfallmaßnahmen ergriffen und ein Arzt aufgesucht werden.

Vorsichtsmaßnahmen für die Anwendung und Warnhinweise
Unter der Behandlung mit Nikotinnasalspray ist das Rauchen völlig einzustellen, da es sonst vermehrt zu unerwünschten Wirkungen kommen könnte. Nikotin ist eine für Nichtraucher und Kinder hochgiftige Substanz. Auch eine Dosierung, die für Erwachsene gut verträglich ist, kann bei kleinen Kindern zu schweren Vergiftungserscheinungen führen, d. h. die Einnahme von Nikotinnasalspray kann, wenn es nicht rechtzeitig bemerkt wird, für Kinder tödlich sein. Deshalb muss Nikotinnasalspray jederzeit für Kinder unerreichbar aufbewahrt werden.

Informationen zur Verwendung von Nikotinmundspray

Liebe/r entwöhnungswillige/r Raucher/in,
   die hier gegebenen Informationen zur Verwendung von Nikotinersatzmitteln beinhalten Auszüge aus den Gebrauchsinformationen, die von den pharmazeutischen Herstellern dieser Produkte gegeben werden.
   Wir bitten Sie zu berücksichtigen, dass unsere Darstellung keinen Anspruch auf Vollständigkeit der Informationen erhebt und möchten Sie darauf hinweisen, bei der Verwendung von Nikotinersatzmitteln die dem jeweiligen Produkt beiliegende Gebrauchsinformation aufmerksam zu lesen.

Anwendungsbereich
Unterstützung bei der Tabakentwöhnung durch Linderung der Nikotinentzugssymptome. Hinweis: Mit Beginn und während der Behandlung mit Nikotinmundspray ist das Rauchen vollständig einzustellen oder zu reduzieren und jede weitere Nikotinzufuhr (z. B. Schnupftabak, Kautabak) zu vermeiden, da es sonst vermehrt zu unerwünschten Wirkungen kommen kann.

Dosierungsmöglichkeiten und empfohlene Dosierung
Eine Sprühanwendung besteht aus 2 Sprühstößen. Bei Rauchverlangen können weitere 1–2, aber nicht mehr als 4 Sprühanwendungen pro Stunde eingesetzt werden. Insgesamt maximal 64 Sprühstöße am Tag (bezogen auf 16 Stunden). Während der ersten Tage wird die optimale Dosis ermittelt, während der ersten Wochen sollte das Spray in dieser Dosierung angewendet und dann allmählich kontinuierlich reduziert und schließlich abgesetzt werden. Eine über 6 Monate hinausgehende Anwendung wird nicht empfohlen.

Gegenanzeigen
Nikotinmundspray sollte von Nichtrauchern, Jugendlichen unter 18 Jahren, bei Überempfindlichkeit gegenüber Nikotin und bei folgenden Erkrankungen nicht angewendet werden: frischer Herzinfarkt, schwere Herzrhythmusstörungen, vor kurzem aufgetretener Schlaganfall, sich verschlechternde Verengung der Herzkranzgefäße.

Anwendungsbeschränkungen
Bei Vorliegen folgender Erkrankungen sollte Nikotinmundspray mit besonderer Vorsicht und in Rücksprache mit dem Arzt angewendet werden: stabile Verengung der Herzkranzgefäße, stark erhöhter Blutdruck, Hirngefäßerkrankungen, Durchblutungsstörungen an Armen und Beinen, schwere Herzschwäche, Überfunktion

der Schilddrüse, Zuckerkrankheit (Diabetes mellitus), akute Magen- und Darmgeschwüre, schwere Leber- oder Nierenschäden, Tumore des Nebennierenmarkes (Phäochromozytom).

Schwangerschaft und Stillzeit
Rauchen ist für die Mutter und das ungeborene Kind gesundheitsschädigend. Die Folgen können sein: ein niedriges Geburtsgewicht, ein erhöhtes Risiko einer Fehlgeburt sowie eine erhöhte Säuglingssterblichkeit. Nikotin geht auch in die Muttermilch über und wird vom Säugling aufgenommen. Generell sollte daher während der Schwangerschaft nicht geraucht und auf Nikotin verzichtet werden.

Schwangere Raucherinnen sollten unbedingt versuchen, das Rauchen ohne Unterstützung durch nikotinhaltige Medikamente aufzugeben. Nur wenn das nicht gelingt und die Gefahr des Weiterrauchens besteht, sollte in Absprache mit dem Arzt eine Behandlung mit Nikotinersatzmitteln in Betracht gezogen werden.

Nebenwirkungen
Die zu erwartenden Nikotinnebenwirkungen sind geringer als nach dem Rauchen einer mittelstarken Zigarette. Als sehr häufige oder häufige Nebenwirkungen werden in der Packungsbeilage genannt: Sehr häufig: Kopfschmerzen, Schluckauf, Reizung im Rachen, Übelkeit. Häufig: Überempfindlichkeit, Geschmacksstörung, Parästhesie, Husten, abdominale Schmerzen, Mundtrockenheit, Diarrhö, Dyspepsie, Flatulenz, vermehrter Speichelfluss, Stomatitis, Erbrechen, Brennen, Fatigue.

Wechselwirkungen
Die Wirkungen mancher Arzneimittel können durch gleichzeitige Anwendung anderer Mittel beeinflusst werden. Rauchen kann wegen bestimmter anderer im Rauch enthaltener Bestandteile die Wirkungen einer Reihe von Arzneimitteln verändern. Daher sollte in Rücksprache mit dem Arzt oder Apotheker geklärt werden, ob unter Umständen mit Unverträglichkeiten zu rechnen ist oder ob besondere Maßnahmen, wie z. B. eine neue Dosisfestsetzung, erforderlich sein werden. Dies gilt insbesondere bei Psychopharmaka, Antihypertonika, Magenschutzmittel, Insulin und vielen mehr.

Überdosierung und andere Anwendungsfehler
Überdosierungen können vorkommen, wenn während der Behandlung mit Nikotinmundspray gleichzeitig geraucht oder in anderer Form zusätzlich Nikotin aufgenommen wird. Die Symptome von Überdosierungen sind ähnlich denen, die beim exzessiven Rauchen durch Nikotinvergiftung auftreten: Schwindel, Mattigkeit, Übelkeit, kalter Schweiß, Erbrechen und Durchfall. Bei schweren Vergiftungen können weitere Symptome wie Blutdruck- und Temperaturabfall, Atemnot, Hör- und Sehstörungen, schwacher und unregelmäßiger Puls sowie Krämpfe auftreten. Bei Anzeichen von Überdosierung muss jede Nikotinzufuhr sofort beendet werden. Bei schweren Vergiftungen müssen sofort Notfallmaßnahmen ergriffen und ein Arzt aufgesucht werden.

Vorsichtsmaßnahmen für die Anwendung und Warnhinweise
Nikotin ist eine für Nichtraucher und Kinder hochgiftige Substanz. Auch eine Dosierung, die für Erwachsene gut verträglich ist, kann bei kleinen Kindern zu schweren Vergiftungserscheinungen führen, d.h. die Einnahme von Nikotinmundspray kann, wenn es nicht rechtzeitig bemerkt wird, für Kinder tödlich sein. Deshalb muss Nikotinmundspray jederzeit für Kinder unerreichbar aufbewahrt werden.

Nikotinmundspray enthält ca. 7 mg Alkohol (Ethanol) pro Sprühstoß entspr. 97 mg/ml. Die Menge pro Anwendung (2 Sprühstöße) entspricht weniger als 4 ml Bier oder 2 ml Wein.

Informationen zur Verwendung von Bupropion (Zyban®)

Liebe/r entwöhnungswillige/r Raucher/in,

bitte lesen Sie folgende Gebrauchsinformation aufmerksam, weil sie wichtige Informationen darüber enthält, was Sie bei der Anwendung von Zyban® zur Tabakentwöhnung beachten sollten. Wenden Sie sich bei Fragen bitte an Ihren Arzt oder Apotheker.

Die hier gegebenen Informationen beinhalten Auszüge aus den Gebrauchsinformationen, die von den pharmazeutischen Herstellern dieser Produkte gegeben werden.

Wir bitten Sie zu berücksichtigen, dass unsere Darstellung keinen Anspruch auf Vollständigkeit der Informationen erhebt, und möchten Sie darauf hinweisen, die dem Produkt beiliegende Gebrauchsinformation aufmerksam zu lesen.

Wie wirkt das Mittel?

Bupropion hemmt die Wiederaufnahme von Katecholaminen in Nervenenden. Katecholamine wie Noradrenalin und Dopamin (Hormone des Nebennierenmarks) haben vielfältige Wirkungen, z. B. auf Herzfunktion, Blutdruck, Blutgefäße, Stoffwechsel und die Muskulatur innerer Organe wie die der Bronchien und Gebärmutter. Katecholamine werden auf bestimmte Reize hin aus Nervenenden freigesetzt und zur Beendung der Wirkung wieder in die Nerven aufgenommen, um bei Bedarf wieder von dort ausgeschüttet zu werden.

Bupropion hemmt in geringem Umfang auch die Wiederaufnahme von Serotonin. Serotonin beeinflusst, wie die Katecholamine, die Herzfunktion, den Spannungszustand der Wände der Blutgefäße, die Muskulatur von Bronchien, Darm und Gebärmutter. Serotonin ist ein Botenstoff im Gehirn und reguliert u. a. Wärmehaushalt, Wach-Schlaf-Rhythmus, Stimmung, Nahrungsaufnahme und Reflexe.

Bupropion hemmt die Wiederaufnahme von Noradrenalin, Dopamin und Serotonin in die Nervenenden, nicht aber deren Abbau außerhalb der Nerven durch das Enzym MAO (Monoaminooxidase). Wie Bupropion die Tabakentwöhnung genau unterstützt, ist nicht bekannt. Wahrscheinlich wird die Wirkung über Dopamin und Noradrenalin vermittelt.

In welchen Anwendungsgebieten wird das Mittel eingesetzt?

Zur Unterstützung der Tabakentwöhnung. Bupropion ist außerdem zur Behandlung von Depressionen zugelassen.

Die Anwendung des Mittels sollte in Zusammenhang mit Motivationsmaßnahmen zur Tabakentwöhnung erfolgen.

Wann dürfen Zyban® Retardtabletten nicht eingenommen werden?
Zyban® 150 mg Retardtabletten dürfen nicht von Patienten mit einer Überempfindlichkeit gegenüber Bupropion oder einem anderen Bestandteil der Retardtabletten angewendet werden. Nicht eingenommen werden dürfen sie außerdem von

- Patienten, die in der Vergangenheit oder derzeit an Krampfanfällen gelitten haben bzw. leiden,
- Patienten, die aufgrund einer Erkrankung ein erhöhtes Risiko für Krampfanfälle haben (Diabetes, Hirntumor, andere Erkrankungen des Gehirns),
- Patienten, bei denen derzeitig oder früher eine Bulimie (Ess-Brechsucht) oder Anorexie (Magersucht) diagnostiziert wurde,
- Patienten mit bipolaren (manisch-depressiven) Erkrankungen und
- Patienten mit schwerer Leberzirrhose.

Zyban® 150 mg Retardtabletten dürfen des Weiteren nicht gleichzeitig mit Monoaminooxidasehemmern (MAO-Hemmern) angewendet werden. Zudem müssen zwischen dem Ende einer Behandlung mit irreversiblen MAO-Hemmern und dem Beginn der Behandlung mit Zyban® 150 mg Retardtabletten mindestens 14 Tage vergehen. Bei reversiblen MAO-Hemmern hängt der Zeitraum von der Abbaugeschwindigkeit des jeweiligen MAO-Hemmers im Körper ab. Bitte halten Sie Rücksprache mit Ihrem Arzt.

Was ist in Schwangerschaft und Stillzeit zu beachten?
Zyban® 150 mg Retardtabletten dürfen während der Schwangerschaft nicht angewendet werden. Da Bupropion, der arzneilich wirksame Bestandteil von Zyban® 150 mg Retardtabletten, und seine Abbauprodukte in die Muttermilch übergehen, ist Stillen während der Einnahme von Zyban® 150 mg Retardtabletten nicht angeraten.

Vorsichtsmaßnahmen für die Anwendung und Warnhinweise – welche Vorsichtsmaßnahmen müssen beachtet werden?
Die empfohlene Dosis von Zyban® 150 mg Retardtabletten darf nicht überschritten werden, da Zyban® 150 mg Retardtabletten mit einem dosisabhängigen Risiko von Krampfanfällen verbunden sind.

Bei Dosen bis zur empfohlenen täglichen Höchstdosis (300 mg Bupropionhydrochlorid täglich) beträgt die Häufigkeit von Krampfanfällen ca. 1 von 1.000.

Es besteht ein besonderes Risiko, dass bei Anwendung von Zyban® 150 mg Retardtabletten Krampfanfälle auftreten, wenn bestimmte Risikofaktoren vorliegen. Daher dürfen Zyban® 150 mg Retardtabletten nur mit äußerster Vorsicht bei Patienten angewendet werden, die einen oder mehrere Risikofaktoren für die Herabsetzung der Krampfschwelle haben. Dazu gehören:

- Schädel-Hirn-Verletzungen in der Krankheitsgeschichte,
- ein Tumor des zentralen Nervensystems (ZNS),

- gleichzeitige Verabreichung anderer Arzneimittel, von denen bekannt ist, dass sie die Krampfschwelle herabsetzen (z. B. Antipsychotika, Antidepressiva, Theophyllin, systemische Steroide).
- Vorsicht ist außerdem unter solchen klinischen Umständen geboten, die mit einem erhöhten Risiko von Krampfanfällen einhergehen. Dazu gehören Alkoholmissbrauch, das plötzliche Absetzen von Alkohol oder Benzodiazepinen (bestimmte Art von Beruhigungsmitteln), Diabetes (Zuckerkrankheit), der mit zuckersenkenden Arzneimitteln oder Insulin behandelt wird, und die Anwendung von Aufputschmitteln oder Appetitzüglern.

Wechselwirkungen

Die Wirkungen mancher Arzneimittel können durch gleichzeitige Anwendung anderer Mittel beeinflusst werden. Rauchen kann wegen bestimmter anderer im Rauch enthaltener Bestandteile die Wirkungen einer Reihe von Arzneimitteln verändern. Daher sollte in Rücksprache mit dem Arzt oder Apotheker geklärt werden, ob unter Umständen mit Unverträglichkeiten zu rechnen ist oder ob besondere Maßnahmen, wie z. B. eine neue Dosisfestsetzung, erforderlich sein werden. Dies gilt insbesondere bei Psychopharmaka, Antihypertonika, Magenschutzmittel, Insulin und vielen mehr.

Daneben ist zu beachten, dass Bupropion mit zahlreichen Medikamenten Wechselwirkungen aufweisen kann. Bei Einnahme weiterer Medikamente sollte eine Überprüfung möglicher Wechselwirkungen durch den behandelnden Arzt erfolgen.

Aufgrund von Wechselwirkungen mit anderen Arzneimitteln können vermehrt Nebenwirkungen (z. B. Mundtrockenheit, Schlaflosigkeit, Krampfanfälle) auftreten. Daher ist Vorsicht geboten, wenn Zyban® 150 mg Retardtabletten gleichzeitig mit bestimmten anderen Arzneimitteln verabreicht werden.

Begrenzte klinische Daten deuten darauf hin, dass durch die Kombination von Zyban® 150 mg Retardtabletten zusammen mit einem transdermalen Nikotinpflaster höhere Erfolgsraten (aber auch mehr Nebenwirkungen) bei der Tabakentwöhnung erzielt werden können.

Wenn eine Kombinationstherapie mit einem transdermalen Nikotinpflaster angewendet wird, muss jedoch mit Vorsicht vorgegangen werden. Eine einmal wöchentliche Messung des Blutdrucks in Hinsicht auf einen möglichen behandlungsbedürftigen Anstieg wird empfohlen. Vor Beginn einer Kombinationstherapie mit einem transdermalen Nikotinpflaster soll der verschreibende Arzt die Produktinformation des jeweiligen transdermalen Pflasters lesen.

Überempfindlichkeit

Zyban® 150 mg Retardtabletten müssen abgesetzt werden, wenn der Patient während der Behandlung Überempfindlichkeitsreaktionen oder anaphylaktische Reaktionen entwickelt. Symptome einer Überempfindlichkeitsreaktion sind z. B.:

- Hautausschlag
- Juckreiz
- Urtikaria (Nesselsucht mit juckenden Hautquaddeln)

- Schmerzen im Brustbereich
- Ödeme (Flüssigkeitsansammlungen im Gewebe)
- Atemnot
- Muskel- und Gelenkschmerzen
- Fieber

Bei den meisten Patienten besserten sich die Symptome nach Absetzen von Zyban® 150 mg Retardtabletten und dem Beginn einer Behandlung mit Antihistaminika oder Kortikosteroiden und verschwanden nach einiger Zeit ganz.

Besondere Patientengruppen
Zyban® 150 mg Retardtabletten müssen mit Vorsicht bei Patienten mit einer leichten bis mittelschweren Leberfunktionsstörung angewendet werden. Eine Herabsetzung der Dosierung wird empfohlen. Patienten mit einer eingeschränkten Nierenfunktion wurden nicht untersucht. Eine Reduzierung der Dosierung wird bei Patienten mit Nierenfunktionsstörung empfohlen.

Die klinische Erfahrung mit Bupropion zeigte keine Unterschiede zwischen älteren und jüngeren erwachsenen Patienten in Hinsicht auf die Verträglichkeit. Jedoch kann eine erhöhte Empfindlichkeit von älteren Patienten nicht ausgeschlossen werden.

Bei älteren Patienten ist eine herabgesetzte Nierenfunktion wahrscheinlicher, daher wird eine Herabsetzung der Dosierung empfohlen.

Das Mittel hat Ähnlichkeit mit einigen Antidepressiva. Antidepressiva werden bei psychischen Erkrankungen, die u. a. mit tiefer Niedergeschlagenheit und Antriebslosigkeit einhergehen, eingesetzt. Aufgrund dieser Ähnlichkeit kann Zyban® bei dafür empfänglichen Anwendern psychotische Episoden auslösen. Bei psychotischen Episoden sind Wahrnehmung und Empfindung stark verändert. Orientierung, Gedächtnis und Bewusstsein sind gestört und es können Wahnvorstellungen, Halluzinationen und starke Stimmungsschwankungen auftreten. Psychotische Episoden sind vorübergehend und können sich wieder zurückbilden.

Das Mittel kann in seltenen Fällen zu Missbrauch führen.

Was müssen Sie im Straßenverkehr sowie bei der Arbeit mit Maschinen und Arbeiten ohne sicheren Halt beachten?
Wie andere auf das zentrale Nervensystem wirkende Arzneimittel können Zyban® 150 mg Retardtabletten die Verkehrstüchtigkeit und die Fähigkeit, Maschinen zu bedienen, beeinflussen. Schwindel und Benommenheit wurden unter Zyban® 150 mg Retardtabletten berichtet. Seien Sie daher vorsichtig, bis Sie sich sicher sind, dass Zyban® 150 mg Retardtabletten Ihre diesbezüglichen Fähigkeiten nicht negativ beeinflussen.

Dosierungsanleitung, Art und Dauer der Anwendung
Die folgenden Angaben gelten, soweit Ihnen Ihr Arzt Zyban® 150 mg Retardtabletten nicht anders verordnet hat. Bitte halten Sie sich an die Anwendungsvorschriften, da Zyban® 150 mg Retardtabletten sonst nicht richtig wirken können.

Für Erwachsene gelten folgende Dosierungsrichtlinien: Es wird empfohlen, mit der Behandlung zu beginnen, während Sie noch rauchen. Die Anfangsdosierung beträgt 1 Tablette einmal täglich während der ersten sieben Tage vor dem ersten Rauchverzichtstag, diese wird anschließend auf 1 Tablette zweimal täglich heraufgesetzt. Zwischen den aufeinanderfolgenden Einzeldosen muss eine Zeitspanne von mindestens 8 Stunden liegen.

Die maximale Einzeldosis darf 1 Tablette (150 mg Bupropionhydrochlorid) und die Tageshöchstdosis 2 Tabletten (300 mg Bupropionhydrochlorid) nicht überschreiten.

Anwendung bei Kindern und Jugendlichen: Die Anwendung bei Patienten unter 18 Jahren wird nicht empfohlen.

Anwendung bei älteren Patienten oder bei Nieren- oder Leberfunktionsstörungen: Zyban® 150 mg Retardtabletten müssen mit Vorsicht angewendet werden. Eine erhöhte Empfindlichkeit kann nicht ausgeschlossen werden. Die empfohlene Dosierung beträgt einmal täglich 1 Tablette (150 mg Bupropionhydrochlorid).

Wie lange sollten Sie Zyban® 150 mg Retardtabletten einnehmen?
Sie sollten Zyban® 150 mg Retardtabletten 7–9 Wochen lang einnehmen. *Die Behandlung sollte abgebrochen werden, wenn bis zur 7. Behandlungswoche keine Wirkung erzielt wurde.*

Auch wenn keine Entzugssymptome bei Absetzen von Zyban® > 150 mg Retardtabletten erwartet werden, kann ein Ausschleichen der Behandlung in Betracht gezogen werden.

Anwendungsfehler und Überdosierung
Akute Überdosierungen, die die 10fache therapeutische Höchstdosis überschritten, wurden berichtet. Zusätzlich zu den unter Nebenwirkungen stehenden Wirkungen führte eine akute Überdosierung zu Symptomen wie Schläfrigkeit, Halluzinationen und Bewusstseinsverlust. Obgleich sich die meisten Patienten ohne Folgen erholten, wurden selten Todesfälle in Verbindung mit der Überdosierung von Bupropion bei Patienten berichtet, die hohe Dosen des Wirkstoffs aufnahmen.

Im Falle einer Überdosierung wird die Aufnahme in ein Krankenhaus empfohlen. Freihalten der Atemwege, Sauerstoffzufuhr und ausreichende Atmung sind zu gewährleisten. Eine Magenspülung kann angezeigt sein, wenn sie rasch nach der Einnahme durchgeführt wird. Die Anwendung von Aktivkohle wird ebenfalls empfohlen. Es ist kein spezifisches Gegenmittel für Bupropion bekannt.

Nebenwirkungen
Es ist wichtig zu beachten, dass Rauchentwöhnung häufig mit Nikotinentzugssymptomen verbunden ist (z. B. Ruhelosigkeit, Schlaflosigkeit, Zittern, Schwitzen), von denen einige auch als Nebenwirkungen in Verbindung mit Zyban® 150 mg Retardtabletten erkannt wurden. Dazu gehören:

- Übelkeit/Erbrechen
- Verstopfung
- Mundtrockenheit

- Kopfschmerzen/Konzentrationsstörungen
- Angstgefühl/Depression
- Überempfindlichkeitsreaktionen der Haut
- Geschmacksstörungen

Informationen zur Verwendung von Cytisin (Asmoken®)

Liebe/r entwöhnungswillige/r Raucher/in,

bitte lesen Sie folgende Informationen aufmerksam, weil sie wichtige Informationen darüber enthält, was Sie bei der Anwendung von Asmoken® zur Tabakentwöhnung beachten sollten. Wenden Sie sich bei Fragen bitte an Ihren Arzt oder Apotheker.

Achtung: Die hier gegebenen Informationen beinhalten nur Auszüge aus den Gebrauchsinformationen, die von den pharmazeutischen Herstellern dieser Produkte gegeben werden.

Wir bitten Sie zu berücksichtigen, dass unsere Darstellung keinen Anspruch auf Vollständigkeit der Informationen erhebt, und möchten Sie darauf hinweisen, die dem Produkt beiliegende Gebrauchsinformation aufmerksam zu lesen.

Anwendungsbereich
Unterstützung bei der Tabakentwöhnung durch Linderung der Nikotinentzugssymptome.

Wie wirkt das Mittel?
Asmoken® enthält das Pflanzenalkaloid Cytisin (aus dem Samen des Goldregens). Cytisin ähnelt in seiner Struktur und Eigenschaften dem Nikotin. Cytisin bindet wie Nikotin an den nikotinergen Acetylcholinrezeptoren, insbesondere vom Typ α4β2. Cytisin verdrängt Nikotin von den Rezeptoren, hat eine schwächer stimulierende Wirkung an den Rezeptoren und bei der Freisetzung der Botenstoffe im Gehirn. Dadurch unterbindet es zwar die Entzugssymptome, verhindert aber die positive Stimulation, die durch das Nikotin entstehen würde.

Wann darf Asmoken® nicht eingenommen werden?
Asmoken® darf nicht eingenommen werden bei einer instabilen Angina pectoris, kürzlich durchgemachtem Myokardinfarkt, klinisch relevanten Arrhythmien, kürzlich aufgetretenem Schlaganfall.

Was ist in Schwangerschaft und Stillzeit zu beachten?
Asmoken® darf in der Schwangerschaft und Stillzeit nicht eingenommen werden.

Rauchende Frauen sollten bei der Tabakentwöhnung mit Asmoken® eine zuverlässige Kontrazeptionsmethode anwenden.

Vorsichtsmaßnahmen für die Anwendung und Warnhinweise – welche Vorsichtsmaßnahmen müssen beachtet werden?

Asmoken® Tabletten dürfen nicht von Patienten mit einer Überempfindlichkeit gegenüber Cytisin oder einem anderen Bestandteil der Tabletten angewendet werden. Nicht eingenommen werden sollten sie außerdem von Personen mit folgenden Erkrankungen:

Koronare Herzkrankheit, Herzinsuffizienz, Hypertonie, Phäochromozytom, Arteriosklerose und andere periphere Gefäßerkrankungen, Magen-/Duodenalulzera, gastroösophagealer Reflux, Hyperthyreose, Diabetes mellitus und Schizophrenie, sowie anderen psychiatrischen Vorerkrankungen.

Wechselwirkungen
Bei der Einnahme von Tuberkulostatika ist die Anwendung kontraindiziert. Rauchen oder nikotinhaltige Produkte: verstärkte Nebenwirkungen von Nikotin können auftreten.

Besondere Patientengruppen
Bei Personen mit Nieren-/Leberfunktionsstörungen, Personen über 65 Jahren, Kindern und Jugendlichen wird das Medikament nicht empfohlen, da die Sicherheit und Wirksamkeit bei diesen Patienten nicht untersucht wurde.

Dosierungsanleitung, Art und Dauer der Anwendung
1.–3. Tag: 1 Tablette alle 2 Stunden, max. 6 Tabletten. 4.–12. Tag: 1 Tablette alle 2 ½ Stunden, max. 5 Tabletten. 13.–16. Tag: 1 Tablette alle 3 Stunden, max. 4 Tabletten. 17.–20. Tag: 1 Tablette alle 5 Stunden, max. 3 Tabletten. 21.–25. Tag: 1–2 Tabletten pro Tag, max. bis zu 2 Tabletten. Das Rauchen soll spätestens am 5. Tag der Behandlung eingestellt werden.

Anwendungsfehler und Überdosierung
Bei Überdosierung können die folgenden Symptome auftreten: Unwohlsein, Übelkeit, Erbrechen, beschleunigte Herzfrequenz, Blutdruckschwankungen, Atemstörungen, Sehstörungen oder klonische Anfälle.
Suchen Sie in diesem Fall sofort einen Arzt auf.

Nebenwirkungen
Sehr häufig treten auf: Veränderungen (meistens Zunahme) des Appetits, Gewichtszunahme, Benommenheit, Reizbarkeit, Stimmungsschwankungen, Angstzustände, Schlafstörungen (Schlaflosigkeit, Schläfrigkeit, Lethargie, ungewöhnliche Träume, Albträume), Kopfschmerzen, Tachykardie, Hypertonie; Mundtrockenheit, Diarrhö, Übelkeit, Veränderung des Geschmacksempfindens, Sodbrennen, Obstipation, Erbrechen, abdominelle Schmerzen (insbesondere im Oberbauch), Hautausschlag, Muskelschmerzen, Müdigkeit. Häufig ist zudem mit folgenden Symptomen zu rechnen: Konzentrationsstörungen, verlangsamte Herzfrequenz, geblähtes Abdomen, Zungenbrennen, Unwohlsein.

Informationen zur Verwendung von Vareniclin (Champix®)

Liebe/r entwöhnungswillige/r Raucher/in,
  bitte lesen Sie folgende Informationen aufmerksam, weil sie wichtige Informationen darüber enthält, was Sie bei der Anwendung von Champix® zur Tabakentwöhnung beachten sollten. Wenden Sie sich bei Fragen bitte an Ihren Arzt oder Apotheker.
  Achtung: Die hier gegebenen Informationen beinhalten nur Auszüge aus den Gebrauchsinformationen, die von den pharmazeutischen Herstellern dieser Produkte gegeben werden.
  Wir bitten Sie zu berücksichtigen, dass unsere Darstellung keinen Anspruch auf Vollständigkeit der Informationen erhebt, und möchten Sie darauf hinweisen, die dem Produkt beiliegende Gebrauchsinformation aufmerksam zu lesen.

Anwendungsbereich
Unterstützung bei der Tabakentwöhnung durch Linderung der Nikotinentzugssymptome.

Wie wirkt das Mittel?
Champix® enthält das Alkaloid Vareniclin. Vareniclin bindet wie Nikotin an den nikotinergen Acetylcholinrezeptoren insbesondere vom Typ α4β2. Vareniclin verdrängt Nikotin von den Rezeptoren, hat eine schwächer stimulierende Wirkung als Nikotin an den Rezeptoren und bei der Freisetzung der Botenstoffe im Gehirn. Dadurch unterbindet es zwar die Entzugssymptome, verhindert aber die positive Stimulation, die durch das Nikotin entstehen würde.

Wann darf Champix® nicht eingenommen werden?
Vorsicht bei Personen mit einer psychiatrischen Vorerkrankung und bei Personen mit Krampfanfällen in der Anamnese oder anderen die Krampfschwelle herabsetzenden Beschwerden. Physiologische Veränderungen als Folge einer Rauchentwöhnung, mit oder ohne Behandlung mit Champix®, können die Pharmakokinetik bzw. Pharmakodynamik bestimmter Arzneimittel verändern. Daher können für diese Arzneimittel Dosisanpassungen erforderlich sein.

Was ist in Schwangerschaft und Stillzeit zu beachten?
Champix® sollte in der Schwangerschaft und Stillzeit nicht eingenommen werden.

Vorsichtsmaßnahmen für die Anwendung und Warnhinweise – welche Vorsichtsmaßnahmen müssen beachtet werden?

Champix®-Tabletten dürfen nicht von Patienten mit einer Überempfindlichkeit gegenüber Vareniclin oder einem anderen Bestandteil der Tabletten angewendet werden.

Wechselwirkungen
Die Wirkungen mancher Arzneimittel können durch gleichzeitige Anwendung anderer Mittel beeinflusst werden. Rauchen kann wegen bestimmter anderer im Rauch enthaltener Bestandteile die Wirkungen einer Reihe von Arzneimitteln verändern. Daher sollte in Rücksprache mit dem Arzt oder Apotheker geklärt werden, ob unter Umständen mit Unverträglichkeiten zu rechnen ist oder ob besondere Maßnahmen, wie z. B. eine neue Dosisfestsetzung, erforderlich sein werden. Dies gilt insbesondere bei Psychopharmaka, Antihypertonika, Magenschutzmittel, Insulin und vielen mehr.

Besondere Patientengruppen
Bei Patienten mit mäßiger Niereninsuffizienz, bei denen nicht tolerierbare Nebenwirkungen auftreten, kann die Dosierung auf 1 mg 1-mal täglich verringert werden. Bei Patienten mit schwerer Einschränkung der Nierenfunktion beträgt die empfohlene Dosierung 1-mal täglich 1 mg. Die Behandlung sollte mit 1-mal täglich 0,5 mg über die ersten 3 Tage begonnen und dann auf 1-mal täglich 1 mg gesteigert werden.

Dosierungsanleitung, Art und Dauer der Anwendung
Die empfohlene Dosierung beträgt 2-mal täglich 1 mg Vareniclin im Anschluss an eine 1-wöchige Titrationsphase: Tag 1–3: 0,5 mg 1-mal täglich. Tag 4–7: 0,5 mg 2-mal täglich. Tag 8 bis Behandlungsende: 1 mg 2-mal täglich.
Bei älteren Personen ist der Nierenfunktionsstatus zu berücksichtigen.

Anwendungsfehler und Überdosierung
Bei Überdosierung können die folgenden Symptome auftreten: Unwohlsein, Übelkeit, Erbrechen, beschleunigte Herzfrequenz, Blutdruckschwankungen, Atemstörungen, Sehstörungen oder klonische Anfälle.
Suchen Sie in diesem Fall sofort einen Arzt auf.

Nebenwirkungen
Sehr häufig treten laut Produktinformation auf: Entzündungen der Nasen- und Rachenschleimhaut, abnorme Träume, Schlaflosigkeit; Kopfschmerzen; Übelkeit.
Häufig treten laut Produktinformation auf: Bronchitis, Sinusitis, Gewichtszunahme, verminderter Appetit, gesteigerter Appetit, Schläfrigkeit, Schwindelgefühl, Geschmacksstörungen, Atemnot, Husten, gastroösophageale Refluxerkrankung, Erbrechen, Obstipation, Durchfall, geblähtes Abdomen, Abdominalschmerz, Zahnschmerzen, Verdauungsstörungen, Blähungen, Mundtrockenheit, Ausschlag, Juckreiz, Gelenkschmerzen, Muskelschmerzen, Rückenschmerzen, Brustkorbschmerzen, Müdigkeit, abnormer Leberfunktionstest.

Erläuterungen zur online verfügbaren Powerpoint-Präsentation (Teil A »Theoretische Grundlagen des Therapieprogramms«)

Folie 3: Rauchprävalenz in Deutschland 1999–2017

Das statistische Bundesamt erfragt regelmäßig im Rahmen der Mikrozensus-Erhebungen auch das Rauchverhalten in der Bevölkerung. Diese regelmäßig durchgeführten Befragungen zeigen einen allmählichen Rückgang der Rauchquoten in den letzten knapp 20 Jahren. Männer weisen eine durchschnittliche Prävalenz des Rauchens von 40–45 % in den Altersgruppen der 20–35-Jährigen auf. Dagegen liegt die Prävalenz des Rauchens bei Frauen mit etwa 27–33 % in den gleichen Jahrgängen um mehr als 10 % niedriger.

Ab dem Alter von etwa 50 Jahren sinkt die Rauchprävalenz kontinuierlich ab. Dies liegt zum einen an der Übersterblichkeit der Rauchenden, zum anderen aber auch an der höheren und wachsenden Bereitschaft, den Tabakkonsum infolge von gesundheitsbezogenen Sorgen, vielleicht auch schon infolge von gesundheitlichen Beeinträchtigungen, zu beenden. Weitere Gründe, die Menschen motivieren könnten, den Tabakkonsum zu beenden, könnten das Gefühl der Abhängigkeit sein, die wahrgenommene Vorbildfunktion den eigenen Kindern gegenüber, oder finanzielle Aspekte.

Folie 4: Rauchen unter Jugendlichen 1979–2018

Seit 1997 ließ sich ein kontinuierlicher Rückgang der Prävalenz des Rauchens bei 12–17-jährigen Jugendlichen nachweisen. Der Anteil sank von 28,1 % auf 6,6 %.

Die steigenden Preise, aber auch Rauchverbote in der Öffentlichkeit, Werbeverbote, Nichtraucherschutzgesetze und manche andere Tabakkontrollmaßnahmen haben zu diesem Rückgang beigetragen.

Zugleich hat sich das Bild des Rauchens in der Gesellschaft verändert: Jugendliche erleben das Rauchen möglicherweise nicht mehr als so attraktiv wie ihre Elterngeneration.

Folie 5: DEBRA-Zahlen 2016–2022

Die DEBRA-Studie erfasst in regelmäßigen Untersuchungswellen alle zwei Monate fortlaufend das Rauchverhalten in der Bevölkerung.

Diese Zahlen sind aktuell und lassen auch kurzfristige Trends besser erkennen.

Aktuelle Daten sind stets über die Homepage der Studie zu beziehen.

Im Jahr 2022 stieg die Prävalenz der Tabakrauchenden in Deutschland von zuvor etwa 25,4 % auf 35,5 % deutlich an.

Hier werden Zusammenhänge mit der Pandemie (Soziale Situation, Kontaktmangel, wirtschaftliche Situation, mangelnde Verfügbarkeit von Behandlungsmaßnahmen) gesehen.

Folie 6: Corona-bedingte Zunahme der Raucherprävalenz?

Auf dieser Folie wird in Ergänzung zur vorangegangenen Folie verdeutlicht, wie sich die Entwicklung in den verschiedenen Altersgruppen darstellt.

Auffallend und beängstigend ist insbesondere der starke Anstieg in der Gruppe der 14–17-Jährigen von 8,7 auf 15,9 %.

Hier dürfte der Pandemie-Effekt eine geringere Rolle spielen. Zu überlegen ist, ob durch die noch erlaubte Werbung für E-Zigaretten oder Tabakerhitzer auch indirekt Einfluss auf die wahrgenommene Attraktivität des Rauchens genommen wurde?

Folie 7: Prävalenz aktueller Zigarettennutzung

Jüngere Trends zeigen eine Zunahme der Attraktivität von E-Zigaretten in der Gruppe der 14–17-Jährigen sowie in der Gruppe der 18–24-Jährigen. Die Anteile sind zwar mit 2,5 bzw. 4 % deutlich geringer als die Prävalenz des Zigarettenrauchens, die Entwicklung lässt aber auf eine zunehmende Steigerung der Attraktivität schließen.

Folie 8: Prävalenz der Tabakerhitzer-Nutzung

Tabakerhitzer sind erst seit wenigen Jahren auf dem deutschen Markt erhältlich. Das Interesse für dieses Produkt ist noch sehr gering, nur 0,6 % der Bevölkerung berichten von einer aktuellen Nutzung. Allerdings haben immerhin etwa 6 % Erfahrungen damit gesammelt.

Folie 9: Versteuerte Tabakwaren

»Versteuerte Zigaretten sind verkaufte Zigaretten – verkaufte Zigaretten sind gerauchte Zigaretten«.

Somit geben diese Zahlen auch Trends zum Tabakkonsum wieder.

In den Jahren 2002 bis etwa 2010 fiel der Verkauf von versteuerten Zigaretten kontinuierlich ab, seither bewegt er sich etwa auf gleichbleibendem Niveau von ca. 80 Milliarden Stück/Jahr. Der Rückgang mag mit den gestiegenen Kosten durch höhere Steuern zusammenhängen. Im gleichen Zeitraum stieg der Verkauf von geringer besteuertem Feinschnitt für selbstgedrehte oder selbstgestopfte Zigaretten kompensatorisch an.

Folie 11: Diverse Tabakprodukte – ein Überblick

Kautabak und Schnupftabak spielen eine geringe Rolle bei den Rauchenden.
Kautabak wird aromatisiert in vorgefertigten Konsumeinheiten angeboten.
Schnupftabak ist ein pulverisierter Tabak, der in kleinen Mengen in die Nase eingezogen und damit geschnupft wird.
Die Abbildungen stammen aus dem empfehlenswerten aktuellen »Tabakatlas« des Deutschen Krebsforschungszentrums.

Folie 12: Wasserpfeife oder Shisha

Wasserpfeifentabak ist speziell aufbereitet.
Die Inhalation des Rauches erfolgt nach Verschwelung des Produktes bei etwa 450 °C.
Der Konsum von Wasserpfeifen ist – anders als häufig angenommen wird – keinesfalls gesundheitsverträglicher als der Zigarettenkonsum.

Folie 13: Negative Auswirkungen des Wasserpfeifenkonsums

Auch der Wasserpfeifenkonsum hat kurz- und langfristige negative gesundheitliche Auswirkungen zur Folge.
Nikotin bedingt die Abhängigkeitsentwicklung, gesundheitliche Auswirkungen betreffen aber auch insbesondere die Atemwege, sowie die Aufnahme von krebsauslösenden und gefäßschädigenden Substanzen.

Folien 14: E-Zigaretten

Neben dem Wasserpfeifenkonsum ist auch der Konsum von E-Zigaretten in den letzten Jahren immer populärer geworden.
Bei den E-Zigaretten wird kein Tabak verbrannt. Vielmehr werden Liquids erhitzt, die dann einen Dampf freisetzen, der neben Geschmacksstoffen auch Nikotin enthält.
Propylenglykol (verantwortlich für den Dampf), Glycerin, Aromen, Nikotin und weitere Substanzen werden auf diese Weise inhaliert und bewirken ebenfalls Gesundheitsschädigungen.

Folie 15: Tabakerhitzer

Tabakerhitzer sind neue Produkte, bekannte Handelsnamen sind IQOS oder Glo. »Tabak-Stifte« werden in einer speziellen Vorrichtung auf eine Temperatur von bis zu 350 °C erhitzt. Das dabei entstandene Aerosol wird inhaliert. Aktuell ist der Einsatz auch bei geschlossenen Räumen möglich, was Rauchenden am Arbeitsplatz vielleicht sogar wieder häufigere Rauchpausen möglich macht.

Die Anflutung des Nikotins erfolgt etwas rascher als bei der E-Zigarette und ist damit vielleicht interessanter und attraktiver für Konsumenten.

Folie 16: Tabakerhitzer II

Tabakerhitzer setzen ähnlich viel Nikotin frei wie brennende Zigaretten. Sie haben jedoch einen geringeren Anteil an Schadstoffen und Partikeln im Inhalt.

Sie reduzieren durch die Nikotinaufnahme den Drang zum Rauchen, werden aber von vielen als weniger befriedigend erlebt als Zigaretten.

Folie 18: Relative Gefährlichkeit des Konsums diverser Produkte

Diese Abbildung aus dem Tabakatlas 2020 des Deutschen Krebsforschungszentrums demonstriert die relativen Krebsrisiken bei Konsum verschiedener Tabak- und Nikotinprodukte im Vergleich zur normalen Luft. Die Zigarette ist das schädlichste Produkt, gefolgt von Tabakerhitzern und der E-Zigarette.

Der Nikotin-Inhaler ist ein Produkt der pharmazeutischen Industrie, das nur Nikotin enthält und damit nochmals weniger schädlich ist als die E-Zigarette.

Folie 19: Die Schädlichkeit des Rauchens ist schon lange bekannt

Bereits um 1600 berichten Quellen aus China, dass »man sich nach langen Jahren des Rauchens die Lunge verbrenne«.

Im 18. Jahrhundert wurde der Zusammenhang von Nasenkrebs und Schnupftabak sowie Lippenkrebs und Pfeifenrauchen beobachtet.

Im 20. Jahrhundert wurden erste statistische Untersuchungen zum Zusammenhang zwischen Lungenkrebs und Rauchen vorgelegt.

Folie 20: Rauchen und Mortalität

Bereits 1938 erschien eine erste Studie, die auf eine Übersterblichkeit bei starkem Tabakkonsum hinwies: starker Raucher verlieren etwa 10 Jahre ihres Lebens!

Folie 21: Überleben rauchender und nicht-rauchender britischen Ärzte

Der auf der vorigen Abbildung gezeigte Rückgang der Lebenserwartung um 10 Jahre wird auch in jüngeren Studien bestätigt: In einer Studie an 35.000 britischen männlichen Ärzten konnte gezeigt werden, dass die Lebenserwartung um bis zu 10 Jahre reduziert sein kann. Etwa 60 % der Nichtraucher erreichten das 80. Lebensjahr, dagegen nur 26 % der Raucher. 24 % der Nichtraucher erreichen das 90. Lebensjahr, aber nur 4 % der Raucher.

Folie 22: Rauchen bedingt mehr als 120.000 Todesfälle im Jahr

… umgerechnet sind dies mehr als 300 Tote am Tag! Das wäre so, als wenn täglich drei ICE verunglückten, täglich drei Concordes oder ein Großraumflugzeug abstürzen würden oder sich die Zahl der Verkehrstoten in Deutschland um den Faktor 35 erhöhen würde.

All diese Unglücksfälle werden in den Medien kommuniziert und hinterlassen Eindruck. An die Zahl der tabakassoziierten Todesfälle dagegen hat man sich scheinbar gewöhnt…

Folie 23: Gefahren des Rauchens

Rauchende sterben nicht nur am Lungenkrebs!
Die 120.000 Todesfälle sind auf Krebserkrankungen, Gefäßerkrankungen oder auch die chronische obstruktive Lungenerkrankung (COPD) zurückzuführen.
Weitere Erkrankungen wie die Osteoporose (Begünstigung von Knochenfrakturen), eine reduzierte Fruchtbarkeit oder auch Zahnfleischentzündungen schränken die Lebensqualität ein.

Folie 24: Weitere Gefahren des Rauchens

Langfristige negative Konsequenzen beeindrucken Jugendliche weniger als die Diskussion naheliegender Konsequenzen des Rauchens.
Die nachlassende sportliche Fitness, Einschränkungen der Potenz oder Fruchtbarkeit oder die vorzeitige Alterung der Haut könnten näher gelegene Konsequenzen sein, die das Verhalten eher beeinflussen als die Mitteilung über negative langfristige Konsequenzen des Konsums.

Folie 25: Frauen, Gesundheit und Rauchen

Bei Frauen ist mit zunehmender Prävalenz des Rauchens in den letzten Jahrzehnten auch ein Anstieg rauchertypischer Folgeerkrankungen zu beobachten.

Darüber hinaus sind Frauen weiteren spezifischen Gefährdungen ausgesetzt, so unter anderem Zyklusstörungen, einer herabgesetzten Fruchtbarkeit, einer Gefährdung der Schwangerschaft, einer größeren Neigung zur Osteoporose, dem Auftreten von Brustkrebs oder Gebärmutterkrebs sowie einem erhöhten Thromboserisiko, wenn rauchende Frauen die Pille nehmen.

Folie 26: Rauchen und Schwangerschaft

Bei rauchenden Schwangeren treten mehr Komplikationen in der Schwangerschaft auf.

Studien belegen eine höhere Abortquote, das Rauchen steht auch mit einer vorzeitigen Geburt, einem geringeren Geburtsgewicht der Kinder sowie Folgeerkrankungen der Kinder wie Asthma, Koliken, Missbildungen, Aufmerksamkeitsstörungen und Hyperaktivität und mehr in Verbindung.

Folie 27: Passivrauchen ist gefährlich!

Auch der Nebenstromrauch, der von nichtrauchenden Personen in der Umgebung eingeatmet wird, ist gefährlich.

»Passivrauch« enthält mehr als 4.000 Inhaltsstoffe, darunter auch krebsauslösende Substanzen sowie Substanzen, die die Gefäße schädigen.

Folie 28: Auswahl von Tabakrauchbestandteilen

Vielen rauchenden Personen ist nicht bekannt, welche Schadstoffe im Tabakrauch enthalten sind.

Häufig wird Nikotin mit den Gesundheitsschädigungen in Verbindung gesetzt, dabei sind hierfür andere Inhaltsstoffe des Tabakrauches, die den Konsumentinnen und Konsumenten im Detail nicht bekannt sind, verantwortlich.

Die meisten Menschen interpretieren Kohlenmonoxid, ein Verbrennungsgas, als gefährlich.

Dass auch Ammoniak, ein Reinigungsmittel, Benzol, ein Lösungsmittel, Arsen, das auch als Rattengift Verwendung findet, Calcium, dass in Batterien enthalten ist, das radioaktive Isotop Polonium-210, Blei, Butan, Schwefelsäure und Blausäure enthalten sind, ist vielen nicht bekannt.

Die Diskussion dieser Tabakrauchbestandteile erhöht in der ersten Gruppenstunde die kognitive Dissonanz bzgl. des Rauchens und erhöht die Bereitschaft, das Rauchverhalten abzulegen.

Folie 29: Kohlenmonoxid in der Ausatemluft

Kohlenmonoxid ist als schädigendes Verbrennungsgas bekannt.

Beim Rauchen erfolgt eine Aufnahme von Kohlenmonoxid.

Der Gehalt an Kohlenmonoxid in der Ausatemluft lässt sich mit speziellen Messgeräten bestimmen.

Da Kohlenmonoxid 300-mal stärker als Sauerstoff an den roten Blutkörperchen bindet, lässt sich auch noch Stunden nach dem letzten Zigarettenkonsum nachweisen, dass geraucht wurde.

Neben der Möglichkeit zu Überprüfung einer Abstinenzangabe ist die Kohlenmonoxidbestimmung aber wertvoll in der Rückmeldung positiver Veränderungen nach einer Reduktion des Rauchens bzw. nach dem Rauchstopp.

Folie 31: Werbung: Rauchen wird attraktiv gemacht

Werbebotschaften vermitteln, das Rauchen sei alltäglich, Indikator des Erwachsenenseins, eine Möglichkeit zur sozialen Interaktion, zugleich Ausdruck von Unabhängigkeit, Selbstbewusstsein, sozialer Anerkennung. Dargestellt werden in der Werbung junge, dynamische und gesunde Raucher – das ist weit weg von der Realität des fortgeschrittenen Tabakkonsumenten.

Es lohnt sich, in der Gruppe über die durch Werbung vermittelte Identität der Raucher zu diskutieren!

Folie 32: Rauchen ist gelernt!

Suchterkrankungen werden erworben, nachdem über längere Zeit hinweg der Suchtmittelkonsum in Verbindung mit neutralen Umgebungsbedingungen oder aber auch mit bestimmten Situationen und Befindlichkeiten eingesetzt wird.

Aus lerntheoretischer Sicht wird Rauchen wie andere Suchterkrankungen am Modell anderer gelernt, von intrinsischen Bewertungen und Effekterwartungen begleitet und schließlich durch positive Konsequenzen oder aber das Nachlassen negativer Befindlichkeiten (Langeweile, Nervosität, soziale Unsicherheit etc.) konditioniert.

Die regelmäßige Ausübung des Rauchens in Verbindung mit neutralen Stimuli (ehemals Aschenbecher, Feuerzeuge, Telefonklingeln, Autofahren und vieles mehr) führt dazu, dass Hinweisreize aus der Umgebung, aber auch innere Befindlichkeiten (wahrgenommener Stress) ein nicht bewusstes Signal zur Wiederaufnahme des Rauchens darstellen.

Folie 33: Zum Zusammenhang zwischen Auslösern, Rauchverhalten und Konsequenzen des Rauchens

Eine typische Reizreaktionskette kann wie folgt aussehen: Ärger im Büro lässt Stress aufkommen, Stress wird mithilfe des Rauchens abgebaut.

Die Person raucht nachfolgend (in hastigen Zügen) und erlebt dadurch zunächst eine Distanzierung von der Stressquelle, fühlt sich entspannter, nimmt aber auch negative Konsequenzen wie z. B. die Rüge des nicht-rauchenden Kollegen oder langfristige gesundheitliche Schäden zugunsten der bedeutsamer erlebten kurzfristigen Konsequenz in Kauf.

Folie 34: Nikotin ist der abhängig machende Wirkstoff im Tabakrauch

Zigarettenrauch enthält etwa 30 % des Nikotins einer Zigarette.

Die Rauchtechnik des Konsumenten bestimmt, wie viel Nikotin aufgenommen wird. Einfaches Paffen führt zu einer Aufnahme von 5 % des Nikotins aus dem Zigarettenrauch, starkes Inhalieren jedoch erlaubt eine Ausschöpfung von bis zu 95 % des Nikotins aus dem Rauch einer Zigarette.

Folie 35: Auswirkungen des Nikotins im zentralen Nervensystem

Nikotin erreicht das Gehirn in bis zu 10 Sekunden nach der Aufnahme in der Lunge.

Nikotin ist damit schneller präsent als der Alkohol, der über die Magenschleimhaut resorbiert wird oder das Heroin, das über die Vene in den Körper injiziert wird.

Nikotin wirkt an vielen verschiedenen Nervenzellen mit unterschiedlichen Botenstoffen. Es erhöhte die Konzentrationen von Dopamin, Noradrenalin, Acetylcholin, Glutamat, Serotonin, beta-Endorphin und GABA. Damit steigert Nikotin das Wohlbefinden, die Vigilanz, subjektiv aber auch kognitive Funktionen, es verbessert die Affektregulation oder hilft dabei, Unsicherheit abzubauen.

Für Rauchende wirkt das Rauchen stimulierend, antidepressiv oder anxiolytisch, auch konzentrationsfördernd oder appetitregulierend.

Folie 36: Alles nur Nikotin?

Zucker, der dem Tabak zur Geschmacksverstärkung beigesetzt wird, wird zu Acetaldehyd verbrannt. Dieses intensiviert die Wirkung von Nikotin.

Im Tabakrauch sind weitere psychotrope Substanzen enthalten, zudem wird Nikotin zu weiteren psychoaktiven Substanzen verstoffwechselt.

Folie 37: Hungrige Nikotinrezeptoren machen den Nikotinentzug!

Zu den typischen Entzugssymptomen, die infolge einer allmählichen Vermehrung von Nikotinrezeptoren im Gehirn entstehen, gehören Reizbarkeit, Unruhe, leichte Irritierbarkeit, Ängstlichkeit, Schlafstörungen, Konzentrationsstörungen und vor allem auch der gesteigerte Appetit. Diese Entzugssymptome halten über 1–6 Wochen an.

Folie 38: Was ist abhängiges Rauchen?

Die Abhängigkeit des Rauchenden kann sehr unterschiedliche Ursachen haben: eine psychische Disposition (Selbstunsicherheit, Ängstlichkeit), psychosoziale Einflüsse (die Umgebung) und das gelernte Verhalten (klassische und operante Konditionierung) spielen ebenso eine Rolle wie die biologische Disposition und Anpassungsprozesse der Nervenzellen bei regelmäßiger Anflutung von Nikotin.

Kompetenzen im Umgang mit Versuchungssituationen sind bedeutsam bei der Aufrechterhaltung der Abstinenz.

Die Therapie muss also sowohl psychologische als auch biologische Faktoren in der Behandlung berücksichtigen!

Folie 40: Diagnostische Kriterien für die Tabakabhängigkeit

Nach dem ICD-10, dem Klassifikationssystem für Erkrankungen, das die Ärzte verwenden, ist eine Abhängigkeit gegeben, wenn im Laufe der letzten 12 Monate mindestens 3 der 6 auf der Folie genannten Kriterien erfüllt waren.

Folien 41 und 42:

Neben der dichotomen Klassifikation in »abhängig« und »nicht abhängig«, die auf der vorangegangenen Folie vorgestellt wurde, gibt es auch alternative Ansätze, die Schwere der Nikotinabhängigkeit bzw. Tabakabhängigkeit graduell zu bestimmen:

Der Fagerström-Test gestattet eine Graduierung auf einer Skala zwischen 0 und 10.

In 6 Fragen können maximal 10 Punkte erreicht werden. Die Stärke der Abhängigkeit steigt mit dem Punktwert.

Auf diese und der nächsten Folie sind die 6 Fragen sowie die Auswertung nachzulesen.

Dies kann in der Gruppe vorgestellt und als Grundlage für die Entscheidung, welche Intensität eine psychologische oder medikamentöse Unterstützung im Einzelfall haben soll, verwendet werden.

Folie 43: Messung der Abhängigkeit bei jugendlichen Raucherinnen und Rauchern

Im Jugendalter spielt die körperliche Abhängigkeit noch keine große Rolle.

Analog zum Fagerström-Test wurde ein Instrument entwickelt, das ebenfalls auf einer Skala von 0–10 Punkten die Schwere der Abhängigkeit bei Jugendlichen ermitteln soll.

Folie 45: Behandlungsleitlinien

Mehr als 40 Fachgesellschaften haben im Jahre 2021 die 2. Auflage der medizinischen Behandlungsleitlinie bei Tabakabhängigkeit entwickelt.

Diese ist allgemein zugänglich und kann unter der dargestellten Internetadresse kostenfrei abgerufen werden.

In zahlreichen Empfehlungen werden darin die aktuelle klinische Erfahrung und Datenlage zusammengefasst.

Die Leitlinie empfiehlt die verhaltenstherapeutische Einzel- oder Gruppenbehandlung. In Abhängigkeit von der »Schwere der Abhängigkeit« soll zudem auch eine medikamentöse Unterstützung angeboten werden.

Folie 46: Inhalte der Verhaltenstherapie

Verhaltenstherapeutische Behandlungen sollen, so die Leitlinien, die Abstinenz vorbereiten, die Konsumbeendigung unterstützen und die Abstinenz stabilisieren.

Wichtige Elemente sind dabei die Unterstützung der Motivation, die Verwertung von Verhaltensbeobachtungen zur Identifikation von Risikosituationen, klassische verhaltenstherapeutische Techniken, die dabei unterstützen, den Konsum aufzugeben und – vor allem – die Suche nach den individuellen Vorteilen des Rauchens für die einzelnen Personen, die ihnen bislang die Abstinenz so schwer machten. Die Funktion der Zigarette soll durch neue Lösungen »abgelöst« und damit die Abstinenz erleichtert werden. Entspannungstraining, gesundheitsförderliches Verhalten, aber auch Techniken zur Ablehnung von Zigaretten sind Inhalte der Behandlung.

Folie 47: Formen medikamentöse Unterstützung

In Deutschland sind zur medikamentösen Unterstützung der Tabakabstinenz einer Reihe von Substanzen zugelassen:

Am bekanntesten ist die Nikotinersatztherapie mittels Pflaster, Kaugummi, Lutschtablette oder als Mundspray.

Weitere Medikamente sind Bupropion, Vareniclin und Cytisin, die im Folgenden vorgestellt werden.

Folie 48: Nikotinpflaster

Nikotinpflaster sollen auf eine trockene, haarlose saubere Stelle geklebt werden.

Wichtig ist der tägliche Wechsel der Klebestelle und des Pflasters.

Notwendig ist eine ausreichende Dosis zu Beginn und nachfolgend eine stufenweise Reduktion der Nikotinsubstitution.

Zu beachten ist, dass manche Personen auf Pflaster allergisch reagieren, darüber hinaus können durch das Nikotin lokale Reizerscheinungen in Form von Rötungen auf der Haut auftreten.

Folie 49: Nikotinkaugummi

Ganz wichtig: Nikotinkaugummi ist kein Genussmittel, sondern der Träger des Nikotins, das durch vorsichtiges Kauen freigesetzt werden soll.

Ein Nikotinkaugummi (2 mg oder 4 mg) reicht durchschnittlich 30 Minuten, bis zu 2 Kaugummis können pro Stunde verwendet werden.

Nach anfänglicher Ermittlung des Bedarfes sollte unbedingt auf eine kontinuierliche regelmäßige Reduktion geachtet werden.

Lokale Reizerscheinungen können sich als ein Kratzen im Hals oder auch Schluckauf äußern.

Folie 50: Nikotinlutschtablette

Die Lutschtablette soll sich langsam im Mund auflösen. Über einen Zeitraum von bis zu 20 Minuten wird dabei Nikotin freigesetzt und über die Mundschleimhaut aufgenommen.

Eindosierung und Reduktion sollten ähnlich wie beim Nikotinkaugummi gehandhabt werden.

Folie 51: Nikotinmundspray

Nikotinmundspray wird mit 2 Hüben an die Wangenschleimhaut oder unter der Zunge appliziert. Damit wird etwa 1 mg Nikotin über die Mundschleimhaut aufgenommen.

Auch hier wird empfohlen, anfänglich die passende Dosis zu suchen und dann über eine stabile Phase allmählich eine Dosisreduktion über mehrere Wochen vorzunehmen.

Folie 52: Bupropion

Bupropion ist ein Antidepressivum, das auch das Rauchverlangen reduziert, bei Tabakabstinenz Entzugssymptome mildert und gleichzeitig dem Rauchverlangen und der Gewichtszunahme entgegenwirkt. Die Medikation ist gut untersucht.

Neben Schlafstörungen sind auch Mundtrockenheit, Konzentrationsstörungen oder Schwindel als Nebenwirkungen zu nennen.

Folie 53: Kontraindikationen gegen Bupropion

Da Bupropion das Risiko für epileptische Anfälle erhöht, muss der verordnende Arzt sicherstellen, dass keine der hier genannten Kontraindikationen vorliegt, anderenfalls ist die Einnahme dieses Medikaments nicht zu empfehlen.

Folie 54: Vareniclin

Dieses Medikament wirkt am Nikotinrezeptor ähnlich wie Nikotin. Es blockiert aber zugleich die Möglichkeit von Nikotin, an diesem Rezeptor zu binden.

Vareniclin vermittelt daher das Gefühl einer ausreichenden Nikotinsättigung, zugleich ist ein fortgesetztes Rauchen ohne positiven Effekt für den Konsumenten.

Vareniclin muss über einen Zeitraum von 1 Woche aufdosiert werden und kann dann für 11 Wochen verwendet werden.

Die Medikation ist gut untersucht. Als Nebenwirkungen treten gelegentlich Schwindel oder Übelkeit auf.

Folie 55: Cytisin

Cytisin ist ähnlich wie Vareniclin ein Wirkstoff, der am gleichen Rezeptor wie Nikotin wirkt und die Wirkung von Nikotin aus dem Zigarettenrauch unterbindet.

Anders als bei Vareniclin wird das Rauchen sofort beendet und Cytisin als Ersatzstoff eindosiert. Innerhalb von 25 Tagen wird es auch schon wieder ausgeschlichen.

Als Nebenwirkung können Magen-Darm-Beschwerden auftreten.

Links und weiterführende Literatur

Daten und Fakten zum Rauchen

DEBRA-Studie zur Prävalenz des Tabakrauchens und des Konsums verwandter Produkte: www.debra-study.info
Materialien der Bundeszentrale für gesundheitliche Aufklärung (BZgA) e.V.: https://shop.bzga.de/alle-kategorien/suchtvorbeugung/foerderung-des-nichtrauchens/
Tabakatlas des Deutschen Krebsforschungszentrums: https://www.dkfz.de/de/krebspraevention/Downloads/pdf/Buecher_und_Berichte/2020_Tabakatlas-Deutschland-2020_dp.pdf
Zahlen der Deutschen Hauptstelle für Suchtfragen e.V.: www.dhs.de

Aktuelle Informationen zu Studien und Veranstaltungen

DKFZ Anbieterdatenbank für Tabakentwöhnung: www.anbieter-raucherberatung.de
Newsletter Tabak vom Deutschen Krebsforschungszentrum und Wissenschaftlichen Aktionskreis Tabakentwöhnung (WAT) e.V.: https://www.dkfz.de/de/krebspraevention/Downloads/6_Newsletter-Tabakentwoehnung.html?m=1671026830&
Wissenschaftlicher Aktionskreis Tabakentwöhnung: www.wat-ev.de

Anerkennung von Kursen zur Tabakentwöhnung

Zentrale Prüfstelle Prävention (ZPP): https://www.zentrale-pruefstelle-praevention.de/

Online-Hilfen für Rauchende (kostenfrei)

- Allgemein: https://rauchfrei-info.de/
- Somatisch erkrankte Raucher: www.konsumkontrolle.de
- Schwangere Raucherinnen: www.iris-plattform.de

Leitlinien

S3-Leitline zur Behandlung des schädlichen und abhängigen Tabakkonsums: https://register.awmf.org/de/leitlinien/detail/076-006
S3-Nationale Versorgungsleitlinie COPD: https://register.awmf.org/de/leitlinien/detail/nvl-003

Weiterführende Literatur

Batra A, Buchkremer G. Nichtrauchen! Erfolgreich aussteigen in sechs Schritten (Rat + Hilfe). 6. Auflage Kohlhammer, 2017
Batra A, Petersen KU, Kiefer F, Hoffmann S. S3-Leitlinie Rauchen und Tabakabhängigkeit: Screening, Diagnostik und Behandlung. Springer, 2021
Deutsche Hauptstelle für Suchtfragen (2023) Tabakabhängigkeit. https://www.dhs.de/fileadmin/user_upload/pdf/Broschueren/Suchtmedizinische_Reihe_Tabakabhängigkeit_BFREI.pdf
Günthner A, Batra A. Stressmanagement und Burnout-Prävention: Der verhaltenstherapeutische Weg. Kohlhammer, 2022
Singer MV, Batra A, Mann K. Alkohol und Tabak: Grundlagen und Folgeerkrankungen. Thieme, 2010
Specht MB, Spaude E, Kaluza A. Kurzintervention bei Insomnie (KI): Eine Anleitung zur Behandlung von Ein- und Durchschlafstörungen. Kohlhammer, 2014
Torchalla I, Schröter M, Batra A. Individualisierte Tabakentwöhnung: Verhaltenstherapeutisches Manual. Kohlhammer, 2013

Publikationen mit Bezug zum Programm und zitierte Literatur

Andreas S, Batra A, Behr J, Chenot JF, Gillissen A, Hering T, Herth FJ, Kreuter M, Meierjürgen R, Mühlig S, Nowak D, Pfeifer M, Raupach T, Schultz K, Sitter H, Walther JW, Worth H Pneumologie. 2014 Apr;68(4):237–58

Arbeitskreis Raucherentwöhnung der Universitätsklinik für Psychiatrie und Psychotherapie Tübingen (1997) Nichtraucher in 6 Wochen – Ein Selbsthilfeprogramm für alle, die das Rauchen aufgeben wollen. Ratingen: Preuss.

Batra (2000) Tabakabhängigkeit. Biologische und psychosoziale Entstehungsbedingungen und Therapiemöglichkeiten. Steinkopff, Darmstadt.

Batra A (2011) Therapie der Tabakabhängigkeit. Deutsches Ärzteblatt. 108(33):555–564 / Batra A (2011) Treatment of Tobacco Dependence Dtsch Arztebl Int 2011; 108(33): 555-

Batra A (2012) Rauchen – für die meisten eine unkontrollierbare Sucht. Atemwegs- und Lungenkrankheiten, 38: 87–90

Batra A (2014) Tabakabhängigkeit und komorbide psychische Erkrankungen. In Walter M & Gouzoulis-Mayfrank (Hrsg.) Psychische Störungen und Suchterkrankungen. Kohlhammer Stuttgart. S. 159–169

Batra A (2015) Comorbidity of Smoking with Psychiatric Disorders. In: Dom G, Moggi F (2015) Co-ocurring Addictive and Psychiatric Disorders. Springer Heidelberg, S. 307–320

Batra A. Tabakabhängigkeit – Biologische und psychosoziale Entstehungsbedingungen und Therapiemöglichkeiten. 2000; Steinkopff. Darmstadt.

Batra A, Brömer A, Grüninger K, Schupp P, Buchkremer G (1994) Verhaltenstherapeutische Raucherentwöhnung in Arztpraxen. Verhaltensmodifikation und Verhaltensmedizin, 15(4), 364–376

Batra A, Buchkremer G (2000) Die Dauer der Nikotinersatztherapie – ein Prädiktor für die langfristige Abstinenz. SUCHT 6:414–423

Batra A, Collins SE, Schröter M, Eck S, Torchalla I, Buchkremer G (2010) A Cluster-randomised Trial of Smoking Cessation Tailored to Multidimensional Smoker Profiles. JSAT 38: 128–140

Batra A, Collins SE, Torchalla I, Schröter M, Buchkremer G (2008) Multidimensional Smoker Profiles and Their Prediction of Smoking Following a Pharmacobehavioral Intervention. Journal of Substance Abuse Treatment 35:41–52

Batra A, Eck S et al. (2023 in Vorbereitung) Verhaltenstherapie versus Hypnotherapie – eine randomisiert kontrollierte Studie.

Batra A, Heuer-Jung V, Schupp PE, Oxley S, Buchkremer G (1996) Methodenspezifische Prädiktoren für die langfristige Abstinenz nach einer Raucherentwöhnungsbehandlung. Nervenheilkunde, 15, S43-S45

Batra A, Jähne A, Rüther T (2015) Tabakabhängigkeit (ICD-10 F.17.2). In: Voderholzer U, Hohagen F (Hrsg.) Therapie psychischer Erkrankungen. State of the Art. 10. Aufl. Urban & Fischer München, S. 59–68

Batra A, Kiefer F, Andreas S, Gohlke H, Klein M, Kotz D, Mons U, Mühlig S, Pötschke-Langer M, Preuss UW, Rüter T, Rustler C, Thomasius R, Ulbricht S, Petersen KU (2021) S3-Leitlinie »Rauchen und Tabakabhängigkeit: Screening, Diagnostik und Behandlung« – Kurzversion. SUCHT 67(2) 55–76

Batra A, Klingler K, Landfeldt B, Friederich HM, Westin A, Danielsson T (2005) Smoking reduction treatment with 4-mg nicotine gum: a double-blind, randomized, placebo-controlled study. Clin Pharmacol Ther. 78(6):689–96.

Batra A, Kröger C, Lindinger P, Pötschke-Langer M (2008) Qualitätsmerkmals von Raucherbehandlungen – die Notwendigkeit für definierte Standards. Sucht 54(2):95–100

Batra A, Niethammer S, Mänz C, Peukert P (2011) Tabakentwöhnung bei stationären Patienten mit einer Alkoholabhängigkeit – Motivationsfaktoren und Erfolgsaussichten. SUCHT 57(5):337–346

Batra A, Petersen KU, Kiefer F, Hoffmann S. S3-Leitlinie Rauchen und Tabakabhängigkeit: Screening, Diagnostik und Behandlung. 2022; Springer, Heidelberg

Batra A, Schupp PE, Brömer A, Schram G, Grüninger K, Buchkremer G (1995) Die Einführung von Raucherentwöhnungstherapien in der Praxis des niedergelassenen Arztes – Erfahrungen aus einer Phase-IV-Studie. In: Mann K, Buchkremer G (Hrsg.) Suchtforschung und Suchttherapie in Deutschland. Sonderheft der Zeitschrift SUCHT, Neuland Hamm. S. 112–115

Heatherton TF, Kozlowski LT, Frecker RC, Fagerström KO (1991) The Fagerström test for nicotine dependence: a revision of the Fagerstrom Tolerance Questionnaire. Br J. Addiction 86(9)1119–27

Hermle L, Bessey C, Vasic N, Petersen KU, Batra A (2019) Tabakentwöhnungsbehandlung bei Heimbewohnern mit schweren psychischen Störungen. Sucht, 2019, 65(1) 13–21

Heuer-Jung V, Batra A, Buchkremer G (1996) Raucherentwöhnung bei speziellen Risikogruppen: Schwangere Frauen und Raucherinnen mit Kontrazeptivaeinnahme. Praxis der Klinischen Verhaltensmedizin und Rehabilitation, 34, 114–117

Kroczek A, Schröder B, David R, Mühleck A; Diemer J, Mühlberger A, Ehlis AC, Batra A (2023 im Druck) Herausforderungen und Ausblicke auf Cue-Exposure in der virtuellen Realität. Sucht

Kroczek A, Schröder B, David R, Mühleck A; Diemer J, Mühlberger A, Ehlis AC, Batra A (2023 eingereicht) Efficacy of Smoking Cessation supported by add-on Smoking Cue Exposure in Virtual Reality in a Randomized Controlled Trial.

Rüther T, Bobes J, De Hert M, Svensson TH, Mann K, Batra A, Gorwood P, Möller HJ. EPA guidance on tobacco dependence and strategies for smoking cessation in people with mental illness. Eur Psychiatry. 2014 Feb;29(2):65–82.

Schröter M, Collins SE, Frittrang T, Buchkremer G, Batra A (2006) Randomized Controlled Trial of Relapse Prevention and a Standard Behavioral Intervention with Adult Smokers. Addictive Behaviours 31(7):1259–1264

Schupp P, Batra A, Buchkremer G (1997) Rauchanamnese zur Prädiktion des Abstinenzerfolges bei Rauchern. Sucht, 43, 4–10

Stiegler A, Bieber L, Karacay K, Wernz FD, Batra A (2016) Barrieren in der Thematisierung des Tabak- und Alkoholkonsums Schwangerer in der gynäkologischen Praxis. Eine Fokusgruppenstudie mit Frauenärzten. Gesundheitswesen, 78:816–821

West R, Hajek P, Stead L, Stapleton J (2005) Outcome criteria in smoking cessation trials: proposal for a common standard. Addiction. 100(3):299–303.

Stichwortverzeichnis

A

Abhängigkeit
– psychische 29
Acetylcholinrezeptoren 29, 71
Akupunktur 31
Alternativverhalten 32, 35, 37, 117, 122

B

Behandlungsleitlinie 26
Belohnungen 150
Belohnungskarte 107
Bewältigungsstrategien 123
Bupropion 17, 32, 39–42, 71, 72, 91–94, 104, 105, 121

C

Cue 18
Cytisin 32, 39, 41, 71, 72, 92–94, 104, 121

D

Diagnosestellung 54
Dokumentation 54
Dopamin 29, 71

E

E-Zigarette 24
E-Zigaretten 23, 24, 64, 66, 93
– Liquids 24
Entspannungstraining 120, 121, 137
Entwöhnungsphase 31, 32
Entzugssymptome 17, 28, 29, 33, 34, 37, 54, 63, 64, 71, 72, 88–90, 92, 95, 104, 118, 121, 122, 131, 140, 146, 147
Epidemiologie
– Rauchprävalenzen 23
– Steuereinnahmen 23
Erkrankungen
– tabakassoziierte 25
Erlaubniserteilende Gedanken 65
Ernährung 37, 105, 108, 113, 114, 149
Evaluation 48
Evidenz 31
Exkurs »Lerntheoretische Modelle der Abhängigkeit« 69

F

Fagerström-Test für Zigarettenabhängigkeit 26
– FTZA 27
Funktionalität 29, 32, 63, 68–70

G

Gewichtszunahme 37, 54, 63, 64, 89, 105, 118, 140, 146, 149

H

Harm Reduction 42
Hypnose 31
Hypnotherapie 18, 32, 41

I

Informationsveranstaltung 53

K

Kohlenmonoxid 25, 55, 66, 67, 83
Konditionierung 30
Krisenplan 132, 133, 141
Kurshelfer 36, 103, 104, 106, 108, 112, 123, 124, 133, 136
Kurskonzept 47, 48

L

Leitsatz 88
Lernen 29
Lerntheorie 31, 69

M

Medikamente 38, 40, 54, 64, 71, 72, 89, 92, 121
Medikamentöse Unterstützung 70
Medikation 39, 41, 42, 72, 91, 92, 94, 95, 104, 122
Motivationsanalyse 135
Motivationsförderung 34, 60, 63, 66, 68, 87
Motivationssatz 95
Motivationswaage 62, 74, 75, 81
Muskelentspannungstraining 129

N

Nebenstromrauch 25
Negative Gedanken 118
Nikotin 26, 32
Nikotinersatztherapie 32, 38–42, 64, 71, 90–94, 104, 130, 131, 137
Nikotinpouches 24
Nikotinsubstitution 17, 33, 38, 71, 90, 91, 104, 121, 122

O

Operante Verstärkung 36

P

Passivraucher 25
Probleme 143
Problemlösungsstrategien 84
Progressive Muskelentspannung nach Jacobson 37, 120, 125
Psychoedukation 34, 40, 41, 65, 68
Punkt-Schluss-Methode 32, 38

R

Rauchalternativen 73, 75, 80, 85, 88, 95, 130, 140
Rauchanamnese 54
Rauchen
– Entstehungsbedingungen 28
Reaktivität 35, 74, 83

Reduktionsmethode 32, 38
Rollenspiele 37, 119, 125
Rückfall 34, 37, 54, 66, 75, 86, 87, 102, 122, 132, 133, 141, 145
Rückfälligkeit 145
Rückfallkritische Situationen 117, 138
Rückfallprophylaxe 32, 37, 40, 41, 72, 136, 138
Rückfallsituation 128

S

Selbstbeobachtung 32, 35, 36, 73, 76, 83, 87, 95, 152
Selbstbeobachtungsphase 32, 35, 72, 84, 86, 137, 152
Selbsthilfemanual 19, 29, 48
Selbstkontrollregeln 101
Selbstunsicherheit 32, 117, 118
Shisha 23, 24, 66
Situationsfragebogen 73, 74, 77, 83
Snus 24
Soziale Kontrakte 36, 103
Stimulusbeseitigung 86
Stimuluskontrolle 35, 36, 38, 68, 85, 86, 135
Stress 32, 35, 37, 70, 120, 122, 140, 146
Stressimpfungstraining 35
Stressmanagement 41, 140
Strichliste 72, 74, 76

T

Tabak
– Inhaltsstoffe 25
Tabakabhängigkeit
– Definition 26
Tabakerhitzer 23, 24, 66, 93
Tageskarte 72–75, 79, 83
Therapieprotokoll 58
Therapierationale 19, 34, 68, 69

V

Vareniclin 32, 39–42, 71, 72, 92–94, 104, 121
Vereinbarungen 36, 37, 101, 103, 111, 128–130, 132, 136, 151
Verhaltenserschwerung 86
Verhaltenstherapie 17, 32, 34, 42, 66, 102
Verstärker 29, 36, 42, 69, 101–103, 128, 129, 136, 150
Verstärkerliste 108

Versuchungssituationen 17, 32, 34, 35, 37, 68, 88, 93, 117, 122, 123, 130, 138

Vierfeldertafel 62